公职人员不能触碰的 100条红线

GONGZHI RENYUAN BUNENG CHUPENG DE
100 TIAO HONGXIAN

中国法制出版社
CHINA LEGAL PUBLISHING HOUSE

前言 PREFACE

2020年6月20日，第十三届全国人民代表大会常务委员会第十九次会议通过《中华人民共和国公职人员政务处分法》（以下简称《公职人员政务处分法》），自2020年7月1日起施行。《公职人员政务处分法》包括以下主要内容：(1) 明确政务处分主体和基本原则；(2) 明确政务处分种类和适用规则；(3) 明确公职人员违法行为及其适用的处分；(4) 严格规范政务处分的程序；(5) 明确被处分人员的救济途径；(6) 配套规定。

2023年12月8日，中共中央政治局会议第三次修订《中国共产党纪律处分条例》（以下简称《纪律处分条例》），该条例于2023年12月19日发布，自2024年1月1日起施行。《纪律处分条例》是管党治党的重要基础性法规。党的十八大以来，党中央三次修订《纪律处分条例》，始终坚持严的基调，不断完善纪律规矩，释放了从严治党越来越严、越往后执纪越严的强烈信号，充分彰显了我们党推进自我革命的坚定决心和坚强意志。本次修订《纪律处分条例》包括以下主要内容：(1) 严明政治纪律和政治规矩；(2) 加强全方位管理和经常性监督；(3) 引导激励党员干部敢于担当、积极作为；(4) 坚持党性党风党纪一起抓；(5) 促进执纪执法贯通。

公职人员依法履行公务，更应带头遵守党纪和国法，为便于广大公职人员学习纪法知识，了解履职行为负面清单，了解处分依据、违法违规后果，提高遵纪守法意识，推动廉洁履职，我们特编写了本书，根据公职人员必知的《公职人员政务处分法》《纪律处分条例》的相关处分规定，以漫画、问答、案例相结合的形式重点梳理了公职人员的履职红线，并附录带条旨版《纪律处分条例》全文。

漫画图解——重点提醒，聚焦新规定新变化

红线提醒——分类解析纪律红线及处分规定

案例警示——以案释法，以案促改，引以为戒

增值服务——随书附赠纪律处分条例修订前后对照表电子版

本书浅显易懂、风格活泼，希望本书能够广大公职人员学习理解、贯彻落实有关纪法要求！此外，对于本书的不足之处，还望读者不吝批评指正！

编者

2024年1月

目 录 CONTENTS

上篇：纪律红线

上篇

纪律红线

一、重点提醒

1. 私自阅看、浏览、收听有严重政治问题的读物、资料

纪法提醒

在党的各项纪律中，政治纪律是最重要、最根本、最关键的纪律。2023年修订的《中国共产党纪律处分条例》（以下简称《纪律处分条例》）第五十二条第三款是新增条款，明确对私自阅看、浏览、收听有严重政治问题的报刊、书籍、音像制品、电子读物、网络资料，情节严重的行为作出处分规定。修订的《纪律处分条例》在政治纪律部分充实了对党不忠诚不老实、破坏党的团结统一的处分规定，对违反政治纪律行为的处分规定更加充实、表述更加清晰、界定更加精准。

法条链接

《中国共产党纪律处分条例》

第五十条 通过网络、广播、电视、报刊、传单、书籍等，或者利用讲座、论坛、报告会、座谈会等方式，公开发表坚持资产阶级自由化立场、反对四项基本原则，反对党的改革开放决策的文章、演说、宣言、声明等的，给予开除党籍处分。

发布、播出、刊登、出版前款所列文章、演说、宣言、声明等或者为上述行为提供方便条件的，对直接责任者和领导责任者，给予严重警告或者撤销党内职务处分；情节严重的，给予留党察看或者开除党籍处分。

第五十一条 通过网络、广播、电视、报刊、传单、书籍等，或者利用讲座、论坛、报告会、座谈会等方式，有下列行为之一，情节较轻的，给予警告或者严重警告处分；情节较重的，给予撤销党内职务或者留党察看处分；情节严重的，给予开除党籍处分：

（一）公开发表违背四项基本原则，违背、歪曲党的改革开放决策，或者其他有严重政治问题的文章、演说、宣言、声明等；

（二）妄议党中央大政方针，破坏党的集中统一；

（三）丑化党和国家形象，或者诋毁、诬蔑党和国家领导人、英雄模范，或者歪曲党的历史、中华人民共和国历史、人民军队历史。

发布、播出、刊登、出版前款所列内容或者为上述行为提供方便条件的，对直接责任者和领导责任者，给予严重警告或者撤销党内职务处分；情节严重的，给予留党察看或者开除党籍处分。

第五十二条 制作、贩卖、传播第五十条、第五十一条所列内容之一的报刊、书籍、音像制品、电子读物，以及网络文本、图片、音频、视频资料等，情节较轻的，给予警告或者严重警告处分；情节较重的，给予撤销党内职务或者留党察看处分；情节严重的，给予开除党籍处分。

私自携带、寄递第五十条、第五十一条所列内容之一的报刊、书籍、音像制品、电子读物等入出境，情节较重的，给予警告或者严重警告处分；情节严重的，给予撤销党内职务、留党察看或者开除党籍处分。

私自阅看、浏览、收听第五十条、第五十一条所列内容之一的报刊、书籍、音像制品、电子读物，以及网络文本、图片、音频、视频资料等，情节严重的，给予警告、严重警告或者撤销党内职务处分。

2. 搞劳民伤财的“形象工程”“政绩工程”

纪法提醒

2023 年修订的《纪律处分条例》第五十七条是新增条款。党的二十大报告提出“加快构建新发展格局，着力推动高质量发展”的要求，《纪律处分条例》充实了关于党员领导干部政绩观错位，违背新发展理念、背离高质量发展要求的处分规定，将搞劳民伤财的“形象工程”“政绩工程”行为由违反群众纪律调整到违反政治纪律，确保党中央政令畅通、令行禁止，确保全党团结统一，以严明的政治纪律带动各项纪律全面从严。

法条链接

《中国共产党纪律处分条例》

第五十七条 党员领导干部政绩观错位，违背新发展理念、背离高质量发展要求，给党、国家和人民利益造成较大损失的，给予警告或者严重警告处分；情节较重的，给予撤销党内职务或者留党察看处分；情节严重的，给予开除党籍处分。

搞劳民伤财的“形象工程”、“政绩工程”的，从重或者加重处分。

3. 在党组织纪律审查中，负有作证义务的党员拒绝作证或者故意提供虚假情况

纪法提醒

2023 年修订的《纪律处分条例》第八十条是新增条款，充实了对在党组织纪律审查中，依法依规负有作证义务的党员拒绝作证或者故意提供虚假情况的处分规定，推动党员强化组织意识，不忘自己应尽的义务和责任。

法条链接

《中国共产党纪律处分条例》

第八十条 在党组织纪律审查中，依法依规负有作证义务的党员拒绝作证或者故意提供虚假情况，情节较重的，给予警告或者严重警告处分；情节严重的，给予撤销党内职务、留党察看或者开除党籍处分。

4. 在推进领导干部能上能下工作中，搞好人主义，避重就轻作出处理行为

纪法提醒

推进领导干部能上能下，对不适宜担任现职的领导干部进行组织调整，是贯彻新时代党的组织路线的重要工作要求。2023 年修订的《纪律处分条例》第八十五条是新增条款，对在相关工作中，搞好人主义、避重就轻等行为作出处分规定。

法条链接

《中国共产党纪律处分条例》

第八十五条 在推进领导干部能上能下工作中，搞好人主义，有下列行为之一，对直接责任者和领导责任者，情节较重的，给予警告或者严重警告处分；情节严重的，给予撤销党内职务或者留党察看处分：

（一）以党纪政务等处分规避组织调整；

（二）以组织调整代替党纪政务等处分；

（三）其他避重就轻作出处理行为。

5. 虽经批准因私出国（境），但擅自变更路线、无正当理由超期未归

纪法提醒

2023年修订的《纪律处分条例》第九十一条第二款是新增条款，充实了对因私出国（境）时擅自变更路线、无正当理由超期未归等行为的处分规定，引导党员干部摒弃个人主义、自由主义，增强组织观念。

法条链接

《中国共产党纪律处分条例》

第九十一条 违反有关规定办理因私出国（境）证件、前往港澳通行证，或者未经批准出入国（边）境，情节较轻的，给予警告或者严重警告处分；情节较重的，给予撤销党内职务或者留党察看处分；情节严重的，给予开除党籍处分。

虽经批准因私出国（境）但存在擅自变更路线、无正当理由超期未归等超出批准范围出国（境）行为，情节较重的，给予警告或者严重警告处分；情节严重的，给予撤销党内职务处分。

第一百一十五条 有下列行为之一，对直接责任者和领导责任者，情节较轻的，给予警告或者严重警告处分；情节较重的，给予撤销党内职务或者留党察看处分；情节严重的，给予开除党籍处分：

（一）公款旅游或者以学习培训、考察调研、职工疗养等为名变相公款旅游；

（二）改变公务行程，借机旅游；

（三）参加所管理企业、下属单位组织的考察活动，借机旅游。

以考察、学习、培训、研讨、招商、参展等名义变相用公款出国（境）旅游的，对直接责任者和领导责任者，依照前款规定处理。

6. 离职或者退（离）休后利用原职权或者职务上的影响，为亲属和其他特定关系人从事经营活动谋取利益

纪法提醒

2023年修订的《纪律处分条例》第一百零六条是新增条款，对党员干部离岗后和在职时一并提出严格要求。该条完善了对党员干部离职或者退（离）休后利用原职权或者职务上的影响为亲属和其他特定关系人谋利行为的处分规定，进一步加强对党员干部的全方位管理和经常性监督，警示党员干部无论在职还是退休，都要恪守党性原则、严守党纪法规，明确什么“可为”、什么“不可为”，自觉在受监督和约束的环境中工作生活。

法条链接

《中国共产党纪律处分条例》

第一百零六条 离职或者退（离）休后利用原职权或者职务上的影响，为配偶、子女及其配偶等亲属和其他特定关系人从事经营活动谋取利益，情节较轻的，给予警告或者严重警告处分；情节较重的，给予撤销党内职务或者留党察看处分；情节严重的，给予开除党籍处分。

离职或者退（离）休后利用原职权或者职务上的影响为他人谋取利益，本人的配偶、子女及其配偶等亲属和其他特定关系人收受对方财物，情节较重的，给予警告或者严重警告处分；情节严重的，给予撤销党内职务、留党察看或者开除党籍处分。

7. 工作中不敢斗争、不愿担当，面对重大矛盾冲突、危机困难临阵退缩

纪法提醒

2023年修订的《纪律处分条例》第一百三十一条是新增条款，对不担当、不作为作出了惩处规定，促进领导干部切实负起责任，勇于解决遗留问题，积极推动改革发展。通过明方向、立规矩、正风气、强免疫，教育引导广大党员干部在廉洁上“管得住手脚”、在事业上“放得开手脚”，激励党员干部担当作为、干事创业。

法条链接

《中国共产党纪律处分条例》

第一百三十一条　工作中不敢斗争、不愿担当，面对重大矛盾冲突、危机困难临阵退缩，造成不良影响或者严重后果的，给予警告或者严重警告处分；情节严重的，给予撤销党内职务、留党察看或者开除党籍处分。

8. 在单位食堂用餐管理工作中不履行宣传教育、监督管理职责，导致餐饮浪费

纪法提醒

节俭朴素，力戒奢靡，是我们党的传家宝。要大力弘扬中华民族勤俭节约的优秀传统，大力宣传节约光荣、浪费可耻的思想观念，努力使厉行节约、反对浪费在全社会蔚然成风。2023年修订的《纪律处分条例》第一百三十三条是新增条款，对铺张浪费造成严重不良影响行为作出处分规定，引导广大党员崇尚简朴生活。

法条链接

《中国共产党纪律处分条例》

第一百三十三条 在公务活动用餐、单位食堂用餐管理工作中不履行或者不正确履行宣传教育、监督管理职责，导致餐饮浪费，造成严重不良影响的，对直接责任者和领导责任者，给予警告或者严重警告处分；情节严重的，给予撤销党内职务处分。

《中华人民共和国反食品浪费法》

第六条 机关、人民团体、国有企业事业单位应当按照国家有关规定，细化完善公务接待、会议、培训等公务活动用餐规范，加强管理，带头厉行节约，反对浪费。

公务活动需要安排用餐的，应当根据实际情况，节俭安排用餐数量、形式，不得超过规定的标准。

第八条 设有食堂的单位应当建立健全食堂用餐管理制度，制定、实施防止食品浪费措施，加强宣传教育，增强反食品浪费意识。

单位食堂应当加强食品采购、储存、加工动态管理，根据用餐人数采购、做餐、配餐，提高原材料利用率和烹饪水平，按照健康、经济、规范的原则提供饮食，注重饮食平衡。

单位食堂应当改进供餐方式，在醒目位置张贴或者摆放反食品浪费标识，引导用餐人员适量点餐、取餐；对有浪费行为的，应当及时予以提醒、纠正。

第二十九条 违反本法规定，设有食堂的单位未制定或者未实施防止食品浪费措施的，由县级以上地方人民政府指定的部门责令改正，给予警告。

9. 不履行或者不正确履行信访工作职责

纪法提醒

信访工作是党的群众工作的重要组成部分，是了解社情民意的重要窗口。要做好新时代信访工作，在全社会营造办事依法、遇事找法、解决问题用法、化解矛盾靠法的良好环境。2023 年修订的《纪律处分条例》第一百三十五条是新增条款，对不履行或者不正确履行信访工作职责行为作出处分规定。

法条链接

《中国共产党纪律处分条例》

第一百三十五条 在信访工作中，有下列行为之一，造成不良影响或者严重后果的，对直接责任者和领导责任者，给予警告或者严重警告处分；情节较重的，给予撤销党内职务或者留党察看处分；情节严重的，给予开除党籍处分：

（一）不按照规定受理、办理信访事项；

（二）对规模性集体访等处置不力，导致事态扩大；

（三）对党委和政府信访部门提出的改进工作、完善政策等建议重视不够、落实不力，导致问题长期得不到解决；

（四）其他不履行或者不正确履行信访工作职责行为。

不履行或者不正确履行职责，导致信访事项发生，造成不良影响或者严重后果的，对直接责任者和领导责任者，依照前款规定处理。

10. 进行统计造假

纪法提醒

统计数据是国家宏观调控和科学决策的重要依据，是各级政府实行行政管理的重要基础，是人民群众参与经济社会活动的重要参考。2023 年修订的《纪律处分条例》第一百三十九条是新增条款，将“统计造假”行为纳入违反党的工作纪律行为的处分范畴，并作出严厉处分规定。该条规定有利于进一步规范统计行为和方法，不断强化统计数据质量内控管理和外部监督，纠正和查处统计造假行为，严肃问责统计造假责任单位和责任人，切实推动解决统计数据失真失实问题，有力维护人民群众利益。

法条链接

《中国共产党纪律处分条例》

第一百三十九条 进行统计造假，对直接责任者和领导责任者，情节较轻的，给予警告或者严重警告处分；情节较重的，给予撤销党内职务或者留党察看处分；情节严重的，给予开除党籍处分。

对统计造假失察，造成严重后果的，对直接责任者和领导责任者，给予警告或者严重警告处分；情节严重的，给予撤销党内职务、留党察看或者开除党籍处分。

11. 按照有关规定对干预和插手行为负有报告和登记义务的受请托人，不按照规定报告或者登记

纪法提醒

《纪律处分条例》与《关于新形势下党内政治生活的若干准则》《中共中央关于加强对“一把手”和领导班子监督的意见》等规定相衔接，规定了对违规干预和插手市场经济活动，违规干预和插手司法活动、执纪执法活动，违规干预和插手公共财政资金分配、项目立项评审、功勋荣誉表彰奖励等活动的处分条款。

2023年修订的《纪律处分条例》第一百四十三条是新增条款，加大了对有关干预插手行为的规制力度，对按照有关规定对干预和插手行为负有报告和登记义务的受请托人，不按照规定报告或者登记行为作出处分规定。

法条链接

《中国共产党纪律处分条例》

第一百四十一条 违反有关规定干预和插手市场经济活动，有下列行为之一，情节较轻的，给予警告或者严重警告处分；情节较重的，给予撤销党内职务或者留党察看处分；情节严重的，给予开除党籍处分：

（一）干预和插手建设工程项目承发包、土地使用权出让、政府采购、房地产开发与经营、矿产资源开发利用、中介机构服务等活动；

（二）干预和插手国有企业重组改制、兼并、破产、产权交易、清产核资、资产评估、资产转让、重大项目投资以及其他重大经营活动等事项；

（三）干预和插手批办各类行政许可和资金借贷等事项；

（四）干预和插手经济纠纷；

（五）干预和插手集体资金、资产和资源的使用、分配、承包、租赁等事项。

第一百四十二条 违反有关规定干预和插手司法活动、执纪执法活动，向有关地方或者部门打听案情、打招呼、说情，或者以其他方式对司法活动、执纪执法活动施加影响，情节较轻的，给予严重警告处分；情节较重的，给予撤销党内职务或者留党察看处分；情节严重的，给予开除党籍处分。

违反有关规定干预和插手公共财政资金分配、项目立项评审、功勋荣誉表彰奖励等活动，造成重大损失或者不良影响的，依照前款规定处理。

第一百四十三条 按照有关规定对干预和插手行为负有报告和登记义务的受请托人，不按照规定报告或者登记，情节较重的，给予警告或者严重警告处分；情节严重的，给予撤销党内职务处分。

12. 包庇同案人员

纪法提醒

《纪律处分条例》第六十三条对对抗组织审查行为作出严厉的处分规定。对抗组织审查行为严重违反了对党忠诚老实的党员基本义务，是违反政治纪律行为。该条规定旨在维护党章规定的对党忠诚老实的党员基本义务，保障纪检监察机关的正常办案秩序。

法条链接

《中国共产党纪律处分条例》

第六十三条 对抗组织审查，有下列行为之一的，给予警告或者严重警告处分；情节较重的，给予撤销党内职务或者留党察看处分；情节严重的，给予开除党籍处分：

（一）串供或者伪造、销毁、转移、隐匿证据；

（二）阻止他人揭发检举、提供证据材料；

（三）包庇同案人员；

（四）向组织提供虚假情况，掩盖事实；

（五）其他对抗组织审查行为。

13. 办理群众事务时利用职权吃拿卡要

纪法提醒

《中国共产党章程》总纲规定，“党在任何时候都把群众利益放在第一位，同群众同甘共苦，保持最密切的联系，坚持权为民所用、情为民所系、利为民所谋，不允许任何党员脱离群众，凌驾于群众之上”。群众纪律是党的各级组织和全体党员坚持以人民为中心的发展理念和处理党群关系时必须遵守的行为规则，充分体现了党的性质和宗旨，是密切党同人民群众血肉联系、克服脱离群众危险的重要保证。党的群众纪律要求各级党组织和共产党员，必须坚持党的全心全意为人民服务的宗旨，随时随地维护人民群众的利益，不允许以任何借口、任何形式侵占和损害人民群众的利益。《纪律处分条例》明确规定了对违反群众纪律行为的处分，在办理涉及群众事务时刁难群众、吃拿卡要的，应当给予警告直至开除党籍处分。

在《公职人员政务处分法》颁布之前，对于违法的公职人员的处分只能根据监察对象的具体身份分别适用《公务员法》《行政机关公务员处分条例》《事业单位人事管理条例》《事业单位工作人员处分暂行规定》等法律、行政法规和规章。其中，群众性自治组织和国有企业中的公职人员处分缺乏法律依据，若违法人员不是共产党员，则对这类人员的“微腐败”等违法行为无法给予处分，难以形成有效震慑。《公职人员政务处分法》把《监察法》规定的监察对象全面纳入政务处分范围，使政务处分匹配党纪处分、衔接刑事处分，构筑起了惩戒职务违法的严密法网。基层群众性自治组织中从事管理的人员属于第五类监察对象，其实施违法行为的，可以依据《公职人员政务处分法》给予相应的政务处分。

法条链接

《中国共产党纪律处分条例》

第一百二十二条 有下列行为之一，对直接责任者和领导责任者，情节较轻的，给予警告或者严重警告处分；情节较重的，给予撤销党内职务或者留党察看处分；情节严重的，给予开除党籍处分：

（一）超标准、超范围向群众筹资筹劳、摊派费用，加重群众负担；

（二）违反有关规定扣留、收缴群众款物或者处罚群众；

（三）克扣群众财物，或者违反有关规定拖欠群众钱款；

（四）在管理、服务活动中违反有关规定收取费用；

（五）在办理涉及群众事务时刁难群众、吃拿卡要；

（六）其他侵害群众利益行为。

在乡村振兴领域有上述行为的，从重或者加重处分。

《中华人民共和国公职人员政务处分法》

第二条 本法适用于监察机关对违法的公职人员给予政务处分的活动。

本法第二章、第三章适用于公职人员任免机关、单位对违法的公职人员给予处分。处分的程序、申诉等适用其他法律、行政法规、国务院部门规章和国家有关规定。

本法所称公职人员，是指《中华人民共和国监察法》第十五条规定的人员。

《中华人民共和国监察法》

第十五条 监察机关对下列公职人员和有关人员进行监察：

（一）中国共产党机关、人民代表大会及其常务委员会机关、人民政府、监察委员会、人民法院、人民检察院、中国人民政治协商会议各级委员会机关、民主党派机关和工商业联合会机关的公务员，以及参照《中华人民共和国公务员法》管理的人员；

（二）法律、法规授权或者受国家机关依法委托管理公共事务的组织中从事公务的人员；

（三）国有企业管理人员；

（四）公办的教育、科研、文化、医疗卫生、体育等单位中从事管理的人员；

（五）基层群众性自治组织中从事管理的人员；

（六）其他依法履行公职的人员。

14. 违规收受礼品

纪法提醒

公职人员要始终保持“赶考”的清醒，保持对“腐蚀”“围猎”的警觉，要带头遵守党纪国法，弘扬好作风。对于党员干部，《纪律处分条例》明确规定，党员干部必须正确行使人民赋予的权力，清正廉洁，反对特权思想和特权现象，反对任何滥用职权、谋求私利的行为，若有违反，将给予党纪处分。公职人员要坚决守住纪律规矩的红线，廉洁从政，廉洁用权。

实践中，有的公职人员在工作中放松警惕，认为收一些并不名贵的礼品不是违法犯罪，没有什么大不了的，甚至其所在单位知晓之后，也往往以违法数额较小、情节轻微为由而不进行任何处分。对于公职人员，《公职人员政务处分法》规定，收受可能影响公正行使公权力的礼品、礼金、有价证券等财物的，给予警告直至开除处分。

法条链接

《中国共产党纪律处分条例》

第九十四条 党员干部必须正确行使人民赋予的权力，清正廉洁，反对特权思想和特权现象，反对任何滥用职权、谋求私利的行为。

利用职权或者职务上的影响为他人谋取利益，本人的配偶、子女及其配偶等亲属和其他特定关系人收受对方财物，情节较重的，给予警告或者严重警告处分；情节严重的，给予撤销党内职务、留党察看或者开除党籍处分。

第九十七条 收受可能影响公正执行公务的礼品、礼金、消费卡（券）和有价证券、股权、其他金融产品等财物，情节较轻的，给予警告或者严重警告处分；情节较重的，给予撤销党内职务或者留党察看处分；情节严重的，给予开除党籍处分。

收受其他明显超出正常礼尚往来的财物的，依照前款规定处理。

《中华人民共和国公职人员政务处分法》

第三十四条 收受可能影响公正行使公权力的礼品、礼金、有价证券等财物的，予以警告、记过或者记大过；情节较重的，予以降级或者撤职；情节严重的，予以开除。

向公职人员及其特定关系人赠送可能影响公正行使公权力的礼品、礼金、有价证券等财物，或者接受、提供可能影响公正行使公权力的宴请、旅游、健身、娱乐等活动安排，情节较重的，予以警告、记过或者记大过；情节严重的，予以降级或者撤职。

15. 违反个人有关事项报告规定，隐瞒不报

纪法提醒

党要管党，首先是管好干部；从严治党，关键是从严治吏。党的十八大以来，以习近平同志为核心的党中央采取一系列新举措，推进全面从严治党向纵深发展。严格执行领导干部个人有关事项报告制度，就是从严管党治吏的一项重要抓手。中共中央办公厅、国务院办公厅2017年印发了《领导干部报告个人有关事项规定》和《领导干部个人有关事项报告查核结果处理办法》，从严管理党政领导干部的"笼子"扎得越来越紧，体现了全面从严治党治吏的内在要求，为干部监督管理增添了装备更加精良的制度武器。

《纪律处分条例》明确规定，违反个人有关事项报告规定，隐瞒不报，情节较重的，给予警告或者严重警告处分。公职人员违反个人有关事项报告规定，隐瞒不报，情节较重的，根据《公职人员政务处分法》的规定，应当予以警告、记过或者记大过等政务处分。

法条链接

《中国共产党纪律处分条例》

第八十一条 有下列行为之一，情节较重的，给予警告或者严重警告处分：

（一）违反个人有关事项报告规定，隐瞒不报；

（二）在组织进行谈话函询时，不如实向组织说明问题；

（三）不按要求报告或者不如实报告个人去向；

（四）不如实填报个人档案资料。

有前款第二项规定的行为，同时向组织提供虚假情况、掩盖事实的，依照本条例第六十三条规定处理。

篡改、伪造个人档案资料的，给予严重警告处分；情节严重的，给予撤销党内职务或者留党察看处分。

隐瞒入党前严重错误的，一般应当予以除名；对入党多年且一贯表现好，或者在工作中作出突出贡献的，给予严重警告、撤销党内职务或者留党察看处分。

《中华人民共和国公职人员政务处分法》

第二十九条 不按照规定请示、报告重大事项，情节较重的，予以警告、记过或者记大过；情节严重的，予以降级或者撤职。

违反个人有关事项报告规定，隐瞒不报，情节较重的，予以警告、记过或者记大过。

篡改、伪造本人档案资料的，予以记过或者记大过；情节严重的，予以降级或者撤职。

16. 弄虚作假，骗取职务

纪法提醒

“为政之要，莫先于用人。”选人用人问题是关系党和国家事业成败的关键性、根本性问题。选什么人用什么人，既是干部工作的标准和导向，又是政治生态和社会风气的晴雨表。党的十八大以来，大力整治选人用人上的不正之风，着力发现是否存在买官卖官、拉票贿选、突击提拔干部等选人用人上的不正之风和腐败行为。

《纪律处分条例》对于弄虚作假，骗取职务、职级、职称等利益的行为明确作出处分规定。《公职人员政务处分法》亦规定，公职人员在干部人事工作中违反有关规定的，应当根据具体情节给予相应处分。

法条链接

《中国共产党纪律处分条例》

第八十六条 在干部、职工的录用、考核、职务职级晋升、职称评聘、荣誉表彰，授予学术称号和征兵、安置退役军人等工作中，隐瞒、歪曲事实真相，或者利用职权或者职务上的影响违反有关规定为本人或者其他人谋取利益的，给予警告或者严重警告处分；情节较重的，给予撤销党内职务或者留党察看处分；情节严重的，给予开除党籍处分。

弄虚作假，骗取职务、职级、职称、待遇、资格、学历、学位、荣誉、称号或者其他利益的，依照前款规定处理。

《中华人民共和国公职人员政务处分法》

第三十二条 有下列行为之一的，予以警告、记过或者记大过；情节较重的，予以降级或者撤职；情节严重的，予以开除：

（一）在选拔任用、录用、聘用、考核、晋升、评选等干部人事工作中违反有关规定的；

（二）弄虚作假，骗取职务、职级、衔级、级别、岗位和职员等级、职称、待遇、资格、学历、学位、荣誉、奖励或者其他利益的；

（三）对依法行使批评、申诉、控告、检举等权利的行为进行压制或者打击报复的；

（四）诬告陷害，意图使他人受到名誉损害或者责任追究等不良影响的；

（五）以暴力、威胁、贿赂、欺骗等手段破坏选举的。

17. 办公用房超标准

纪法提醒

清正廉洁，是马克思主义政党建设的内在要求，是每名共产党员与生俱来的价值取向。我们党从诞生之日起，就把保持廉洁、反对腐败写在自己的旗帜上，使之成为建党治党鲜明的政治立场。领导干部，应把清正廉洁作为政治觉悟、道德品质和工作作风，自觉带好头、作表率。要明大德、守公德、严私德，清清白白做人、干干净净做事，做到克己奉公、以俭修身。

《纪律处分条例》对违反办公用房管理规定的行为明确作出处分规定，2023 年修订的《纪律处分条例》将“未经批准租用、借用办公用房”这一行为方式写入违反办公用房管理规定的行为，并补充“其他违反办公用房管理等规定行为”，对“四风”潜滋暗长、隐形变异的问题保持紧盯不放、寸步不让的高压态势。《公职人员政务处分法》亦规定，公职人员在办公用房方面享受超标准待遇的，应当根据具体情节给予相应处分。

法条链接

《中国共产党纪律处分条例》

第一百一十九条 违反办公用房管理等规定，有下列行为之一，对直接责任者和领导责任者，情节较重的，给予警告或者严重警告处分；情节严重的，给予撤销党内职务处分：

（一）决定或者批准兴建、装修办公楼、培训中心等楼堂馆所；

（二）超标准配备、使用办公用房；

（三）未经批准租用、借用办公用房；

（四）用公款包租、占用客房或者其他场所供个人使用；

（五）其他违反办公用房管理等规定行为。

《中华人民共和国公职人员政务处分法》

第三十五条 有下列行为之一，情节较重的，予以警告、记过或者记大过；情节严重的，予以降级或者撤职：

（一）违反规定设定、发放薪酬或者津贴、补贴、奖金的；

（二）违反规定，在公务接待、公务交通、会议活动、办公用房以及其他工作生活保障等方面超标准、超范围的；

（三）违反规定公款消费的。

18. 拒不承担赡养父母义务

纪法提醒

国家富强，民族复兴，人民幸福，最终要体现在千千万万个家庭都幸福美满上，体现在亿万人民生活不断改善上。“修身齐家治国平天下。”立德修身为本，而家风是个人德行养成最基础的土壤。一家之风决定个人人生走向，而千千万万家庭之风则决定国家、民族、整个社会的走向。公职人员，尤其是领导干部应当起到带头作用，重视家庭、重视亲情、重视家教、重视家风，自觉将这种家国情怀内化于心、外化于行，弘扬优良家风，传承中华民族延续至今的家国情怀。

《纪律处分条例》规定，有严重违反社会公德、家庭美德行为的，应当视具体情节给予警告直至开除党籍处分。《公职人员政务处分法》规定，公职人员违反家庭美德、社会公德，影响公职人员形象，损害国家和人民利益的，应当根据具体情节给予相应处分。

法条链接

《中国共产党纪律处分条例》

第一百五十四条 有其他严重违反社会公德、家庭美德行为的，应当视具体情节给予警告直至开除党籍处分。

《中华人民共和国公职人员政务处分法》

第四十条 有下列行为之一的，予以警告、记过或者记大过；情节较重的，予以降级或者撤职；情节严重的，予以开除：

（一）违背社会公序良俗，在公共场所有不当行为，造成不良影响的；

（二）参与或者支持迷信活动，造成不良影响的；

（三）参与赌博的；

（四）拒不承担赡养、抚养、扶养义务的；

（五）实施家庭暴力，虐待、遗弃家庭成员的；

（六）其他严重违反家庭美德、社会公德的行为。

吸食、注射毒品，组织赌博，组织、支持、参与卖淫、嫖娼、色情淫乱活动的，予以撤职或者开除。

19. 醉酒驾车

纪法提醒

醉酒驾车行为具有高度危险性，极易造成恶性事故，严重威胁不特定多数人的生命、财产安全。《刑法》第一百三十三条之一规定了危险驾驶罪，醉酒驾驶机动车的，处拘役，并处罚金。虽然犯危险驾驶罪不会被判处有期徒刑，但对于公职人员而言，也是严重的失德、失范行为，应当受到严厉的处分。根据《纪律处分条例》和《公职人员政务处分法》的规定，因故意犯罪被判刑的，应当开除党籍、开除公职。

法条链接

《中国共产党纪律处分条例》

第三十三条 党员犯罪情节轻微，人民检察院依法作出不起诉决定的，或者人民法院依法作出有罪判决并免予刑事处罚的，应当给予撤销党内职务、留党察看或者开除党籍处分。

党员犯罪，被单处罚金的，依照前款规定处理。

第三十四条 党员犯罪，有下列情形之一的，应当给予开除党籍处分：

（一）因故意犯罪被依法判处刑法规定的主刑（含宣告缓刑）；

（二）被单处或者附加剥夺政治权利；

（三）因过失犯罪，被依法判处三年以上（不含三年）有期徒刑。

因过失犯罪被判处三年以下有期徒刑或者被判处管制、拘役的，一般应当开除党籍。对于个别可以不开除党籍的，应当对照处分违纪党员批准权限的规定，报请再上一级党组织批准。

《中华人民共和国公职人员政务处分法》

第十四条 公职人员犯罪，有下列情形之一的，予以开除：

（一）因故意犯罪被判处管制、拘役或者有期徒刑以上刑罚（含宣告缓刑）的；

（二）因过失犯罪被判处有期徒刑，刑期超过三年的；

（三）因犯罪被单处或者并处剥夺政治权利的。

因过失犯罪被判处管制、拘役或者三年以下有期徒刑的，一般应当予以开除；案件情况特殊，予以撤职更为适当的，可以不予开除，但是应当报请上一级机关批准。

公职人员因犯罪被单处罚金，或者犯罪情节轻微，人民检察院依法作出不起诉决定或者人民法院依法免予刑事处罚的，予以撤职；造成不良影响的，予以开除。

20. 参加非法组织

看风水我可是大师啦！看到没，我是这个协会的总顾问！
你这可是非法组织，不仅协会要取缔，你也要受到处分。
中华国际环球世界风水协会

纪法提醒

非法组织，是指没有经过登记，擅自以社会组织的名义开展活动的组织。很多非法组织往往给自己冠以“高大上”的名头，但实际上从事封建迷信和违法犯罪活动。公职人员参加此类组织，属于严重的违纪违法行为，应当根据具体情节给予相应的处分。若属于非法组织的策划者、组织者和骨干分子，更是应当予以开除。

法条链接

《中国共产党纪律处分条例》

第六十五条 组织、参加旨在反对党的领导、反对社会主义制度或者敌视政府等组织的，对策划者、组织者和骨干分子，给予开除党籍处分。

对其他参加人员，情节较轻的，给予警告或者严重警告处分；情节较重的，给予撤销党内职务或者留党察看处分；情节严重的，给予开除党籍处分。

第六十六条 组织、参加会道门或者邪教组织的，对策划者、组织者和骨干分子，给予开除党籍处分。

对其他参加人员，情节较轻的，给予警告或者严重警告处分；情节较重的，给予撤销党内职务或者留党察看处分；情节严重的，给予开除党籍处分。

对不明真相的参加人员，经批评教育后确有悔改表现的，可以免予处分或者不予处分。

第八十二条　党员领导干部违反有关规定组织、参加自发成立的老乡会、校友会、战友会等，情节严重的，给予警告、严重警告或者撤销党内职务处分。

《中华人民共和国公职人员政务处分法》

第二十八条　有下列行为之一的，予以记过或者记大过；情节较重的，予以降级或者撤职；情节严重的，予以开除：

（一）散布有损宪法权威、中国共产党领导和国家声誉的言论的；

（二）参加旨在反对宪法、中国共产党领导和国家的集会、游行、示威等活动的；

（三）拒不执行或者变相不执行中国共产党和国家的路线方针政策、重大决策部署的；

（四）参加非法组织、非法活动的；

（五）挑拨、破坏民族关系，或者参加民族分裂活动的；

（六）利用宗教活动破坏民族团结和社会稳定的；

（七）在对外交往中损害国家荣誉和利益的。

有前款第二项、第四项、第五项和第六项行为之一的，对策划者、组织者和骨干分子，予以开除。

公开发表反对宪法确立的国家指导思想，反对中国共产党领导，反对社会主义制度，反对改革开放的文章、演说、宣言、声明等的，予以开除。

21. 违规办理因私出境证件

纪法提醒

公职人员因私事出境的，应当遵守法律法规和所在单位的规定，履行出境证件和出境事项的审批、登记备案工作。违反规定出境或者办理因私出境证件的，属于违反组织纪律的行为，依法应当给予相应的党纪处分和政务处分。

法条链接

《中国共产党纪律处分条例》

第九十一条 违反有关规定办理因私出国（境）证件、前往港澳通行证，或者未经批准出入国（边）境，情节较轻的，给予警告或者严重警告处分；情节较重的，给予撤销党内职务或者留党察看处分；情节严重的，给予开除党籍处分。

虽经批准因私出国（境）但存在擅自变更路线、无正当理由超期未归等超出批准范围出国（境）行为，情节较重的，给予警告或者严重警告处分；情节严重的，给予撤销党内职务处分。

《中华人民共和国公职人员政务处分法》

第三十一条 违反规定出境或者办理因私出境证件的，予以记过或者记大过；情节严重的，予以降级或者撤职。

违反规定取得外国国籍或者获取境外永久居留资格、长期居留许可的，予以撤职或者开除。

22. 滥用职权

纪法提醒

“一丝一粒，我之名节；一厘一毫，民之脂膏。”公职人员必须坚持正确的权力观。用权不谋一己之私，是从政的基本准绳；坚持大公无私、公私分明、先公后私、公而忘私、廉洁从政从业，是公职人员应有的义利观、权力观。

《纪律处分条例》明确规定，党员干部必须正确行使人民赋予的权力，清正廉洁，反对特权思想和特权现象，反对任何滥用职权、谋求私利的行为。《公职人员政务处分法》规定，公职人员滥用职权的，应当根据情节严重程度给予相应处分，以此沿着法治轨道，发挥制度效力，管住权力“任性”，啃下公职人员滥用职权这块硬骨头，让群众拥有更多获得感。

法条链接

《中国共产党纪律处分条例》

第九十四条 党员干部必须正确行使人民赋予的权力，清正廉洁，反对特权思想和特权现象，反对任何滥用职权、谋求私利的行为。

利用职权或者职务上的影响为他人谋取利益，本人的配偶、子女及其配偶等亲属和其他特定关系人收受对方财物，情节较重的，给予警告或者严重警告处分；情节严重的，给予撤销党内职务、留党察看或者开除党籍处分。

第九十五条 相互利用职权或者职务上的影响为对方及其配

偶、子女及其配偶等亲属、身边工作人员和其他特定关系人谋取利益搞权权交易的，给予警告或者严重警告处分；情节较重的，给予撤销党内职务或者留党察看处分；情节严重的，给予开除党籍处分。

《中华人民共和国公职人员政务处分法》

第三十九条 有下列行为之一，造成不良后果或者影响的，予以警告、记过或者记大过；情节较重的，予以降级或者撤职；情节严重的，予以开除：

（一）滥用职权，危害国家利益、社会公共利益或者侵害公民、法人、其他组织合法权益的；

（二）不履行或者不正确履行职责，玩忽职守，贻误工作的；

（三）工作中有形式主义、官僚主义行为的；

（四）工作中有弄虚作假，误导、欺骗行为的；

（五）泄露国家秘密、工作秘密，或者泄露因履行职责掌握的商业秘密、个人隐私的。

23. 参与集体决策作出违纪违法决定

纪法提醒

一些公职人员在参与集体决策时，缺乏责任意识、担当精神，抱有侥幸心理，认为“集体违纪违法不是违纪违法”，责任不会落到自己头上。为了将处分真正落实到位，避免集体决策、“法不责众”成为违法人员的挡箭牌，《纪律处分条例》对二人以上共同故意违纪的行为，以及党组织领导机构集体作出违犯党纪的决定或者实施其他违犯党纪的行为作出具体的处分规定。《公职人员政务处分法》专门针对集体违法行为作出规定，明确集体作出的决定违法的，负有责任的领导人员和直接责任人员中的公职人员应当依法受到政务处分，让参与集体决策的成员真正承担起责任。

法条链接

《中国共产党纪律处分条例》

第二十六条 二人以上共同故意违纪的，对为首者，从重处分，本条例另有规定的除外；对其他成员，按照其在共同违纪中所起的作用和应负的责任，分别给予处分。

对于经济方面共同违纪的，按照个人参与数额及其所起作用，分别给予处分。对共同违纪的为首者，情节严重的，按照共同违纪的总数额处分。

教唆他人违纪的，应当按照其在共同违纪中所起的作用追究党纪责任。

第二十七条 党组织领导机构集体作出违犯党纪的决定或者实施

施其他违犯党纪的行为，对具有共同故意的成员，按共同违纪处理；对过失违纪的成员，按照各自在集体违纪中所起的作用和应负的责任分别给予处分。

《中华人民共和国公职人员政务处分法》

第九条 公职人员二人以上共同违法，根据各自在违法行为中所起的作用和应当承担的法律责任，分别给予政务处分。

第十条 有关机关、单位、组织集体作出的决定违法或者实施违法行为的，对负有责任的领导人员和直接责任人员中的公职人员依法给予政务处分。

二、政治纪律红线

24. 在重大原则问题上不同党中央保持一致且有实际言论、行为或者造成不良后果

《纪律处分条例》第四十九条规定，在重大原则问题上不同党中央保持一致且有实际言论、行为或者造成不良后果的，给予警告或者严重警告处分；情节较重的，给予撤销党内职务或者留党察看处分；情节严重的，给予开除党籍处分。

25. 公开发表坚持资产阶级自由化立场、反对四项基本原则，反对党的改革开放决策的文章、演说、宣言、声明

《纪律处分条例》第五十条规定，通过网络、广播、电视、报刊、传单、书籍等，或者利用讲座、论坛、报告会、座谈会等方式，公开发表坚持资产阶级自由化立场、反对四项基本原则，反对党的改革开放决策的文章、演说、宣言、声明等的，给予开除党籍处分。

发布、播出、刊登、出版前述所列文章、演说、宣言、声明等或者为上述行为提供方便条件的，对直接责任者和领导责任者，给予严重警告或者撤销党内职务处分；情节严重的，给予留党察看或

者开除党籍处分。

26. 公开发表有严重政治问题的文章、演说、宣言、声明等，妄议党中央大政方针，丑化党和国家形象、歪曲党的历史

《纪律处分条例》第五十一条规定，通过网络、广播、电视、报刊、传单、书籍等，或者利用讲座、论坛、报告会、座谈会等方式，有下列行为之一，情节较轻的，给予警告或者严重警告处分；情节较重的，给予撤销党内职务或者留党察看处分；情节严重的，给予开除党籍处分：

（1）公开发表违背四项基本原则，违背、歪曲党的改革开放决策，或者其他有严重政治问题的文章、演说、宣言、声明等；

（2）妄议党中央大政方针，破坏党的集中统一；

（3）丑化党和国家形象，或者诋毁、诬蔑党和国家领导人、英雄模范，或者歪曲党的历史、中华人民共和国历史、人民军队历史。

发布、播出、刊登、出版前述所列内容或者为上述行为提供方便条件的，对直接责任者和领导责任者，给予严重警告或者撤销党内职务处分；情节严重的，给予留党察看或者开除党籍处分。

根据《公职人员政务处分法》第二十八条的规定，散布有损宪法权威、中国共产党领导和国家声誉的言论的，予以记过或者记大过；情节较重的，予以降级或者撤职；情节严重的，予以开除。

公开发表反对宪法确立的国家指导思想，反对中国共产党领导，反对社会主义制度，反对改革开放的文章、演说、宣言、声明

等的，予以开除。

27. 制作、贩卖、传播，私自携带、寄递入出境，私自阅看、浏览、收听有严重政治问题的读物、资料等

《纪律处分条例》第五十二条规定，制作、贩卖、传播第五十条、第五十一条所列内容之一的报刊、书籍、音像制品、电子读物，以及网络文本、图片、音频、视频资料等，情节较轻的，给予警告或者严重警告处分；情节较重的，给予撤销党内职务或者留党察看处分；情节严重的，给予开除党籍处分。

私自携带、寄递第五十条、第五十一条所列内容之一的报刊、书籍、音像制品、电子读物等入出境，情节较重的，给予警告或者严重警告处分；情节严重的，给予撤销党内职务、留党察看或者开除党籍处分。

私自阅看、浏览、收听第五十条、第五十一条所列内容之一的报刊、书籍、音像制品、电子读物，以及网络文本、图片、音频、视频资料等，情节严重的，给予警告、严重警告或者撤销党内职务处分。

28. 组织秘密集团或者组织其他分裂党的活动

《纪律处分条例》第五十三条规定，在党内组织秘密集团或者组织其他分裂党的活动的，给予开除党籍处分。参加秘密集团或者参加其他分裂党的活动的，给予留党察看或者开除党籍处分。

29. 在党内搞团团伙伙、结党营私等非组织活动，或者通过搞利益交换、为自己营造声势等活动捞取政治资本

《纪律处分条例》第五十四条规定，在党内搞团团伙伙、结党营私、拉帮结派、政治攀附、培植个人势力等非组织活动，或者通过搞利益交换、为自己营造声势等活动捞取政治资本的，给予严重警告或者撤销党内职务处分；导致本地区、本部门、本单位政治生态恶化的，给予留党察看或者开除党籍处分。

30. 搞投机钻营，结交政治骗子或者被政治骗子利用

《纪律处分条例》第五十五条规定，搞投机钻营，结交政治骗子或者被政治骗子利用的，给予严重警告或者撤销党内职务处分；情节严重的，给予留党察看或者开除党籍处分。充当政治骗子的，给予撤销党内职务、留党察看或者开除党籍处分。

31. 搞山头主义，拒不执行党中央确定的大政方针，贯彻党中央决策部署只表态不落实，或者落实不坚决，搞部门或者地方保护主义

《纪律处分条例》第五十六条规定，党员领导干部在本人主政的地方或者分管的部门自行其是，搞山头主义，拒不执行党中央确定的大政方针，甚至背着党中央另搞一套的，给予撤销党内职务、留党察看或者开除党籍处分。

贯彻党中央决策部署只表态不落实，或者落实党中央决策部署

不坚决，打折扣、搞变通，在政治上造成不良影响或者严重后果的，给予警告或者严重警告处分；情节严重的，给予撤销党内职务、留党察看或者开除党籍处分。

不顾党和国家大局，搞部门或者地方保护主义的，依照前述规定处理。

根据《公职人员政务处分法》第二十八条的规定，拒不执行或者变相不执行中国共产党和国家的路线方针政策、重大决策部署的，予以记过或者记大过；情节较重的，予以降级或者撤职；情节严重的，予以开除。

32. 政绩观错位，违背新发展理念、背离高质量发展要求，给党、国家和人民利益造成较大损失

《纪律处分条例》第五十七条规定，党员领导干部政绩观错位，违背新发展理念、背离高质量发展要求，给党、国家和人民利益造成较大损失的，给予警告或者严重警告处分；情节较重的，给予撤销党内职务或者留党察看处分；情节严重的，给予开除党籍处分。搞劳民伤财的“形象工程”“政绩工程”的，从重或者加重处分。

33. 对党不忠诚不老实，做两面人，在政治上造成不良影响

《纪律处分条例》第五十八条规定，对党不忠诚不老实，表里不一，阳奉阴违，欺上瞒下，搞两面派，做两面人，在政治上造成不良影响的，给予警告或者严重警告处分；情节较重的，给予撤销党内职务或者留党察看处分；情节严重的，给予开除党籍处分。

34. 制造、散布、传播政治谣言，破坏党的团结统一

《纪律处分条例》第五十九条规定，制造、散布、传播政治谣言，破坏党的团结统一的，给予警告或者严重警告处分；情节较重的，给予撤销党内职务或者留党察看处分；情节严重的，给予开除党籍处分。

政治品行恶劣，匿名诬告，有意陷害或者制造其他谣言，造成损害或者不良影响的，依照前述规定处理。

35. 擅自对应当由党中央决定的重大政策问题作出决定、对外发表主张

《纪律处分条例》第六十条规定，擅自对应当由党中央决定的重大政策问题作出决定、对外发表主张的，对直接责任者和领导责任者，给予严重警告或者撤销党内职务处分；情节严重的，给予留党察看或者开除党籍处分。

36. 不按照有关规定向组织请示、报告重大事项

《纪律处分条例》第六十一条规定，不按照有关规定向组织请示、报告重大事项，对直接责任者和领导责任者，情节较重的，给予警告或者严重警告处分；情节严重的，给予撤销党内职务或者留党察看处分。

《公职人员政务处分法》第二十九条第一款规定，不按照规定请示、报告重大事项，情节较重的，予以警告、记过或者记大过；

情节严重的，予以降级或者撤职。

37. 干扰巡视巡察工作或者不落实巡视巡察整改要求

《纪律处分条例》第六十二条规定，干扰巡视巡察工作或者不落实巡视巡察整改要求，对直接责任者和领导责任者，情节较轻的，给予警告或者严重警告处分；情节较重的，给予撤销党内职务或者留党察看处分；情节严重的，给予开除党籍处分。

38. 对抗组织审查

《纪律处分条例》第六十三条规定，对抗组织审查，有下列行为之一的，给予警告或者严重警告处分；情节较重的，给予撤销党内职务或者留党察看处分；情节严重的，给予开除党籍处分：（1）串供或者伪造、销毁、转移、隐匿证据；（2）阻止他人揭发检举、提供证据材料；（3）包庇同案人员；（4）向组织提供虚假情况，掩盖事实；（5）其他对抗组织审查行为。

39. 组织、参加反对党的集会、游行、示威或者讲座、论坛、报告会、座谈会等活动

《纪律处分条例》第六十四条规定，组织、参加反对党的基本理论、基本路线、基本方略或者重大方针政策的集会、游行、示威等活动的，或者以组织讲座、论坛、报告会、座谈会等方式，反对党的基本理论、基本路线、基本方略或者重大方针政策，造成严重不良影响的，对策划者、组织者和骨干分子，给予开除党籍处分。

对其他参加人员或者以提供信息、资料、财物、场地等方式支持上述活动者，情节较轻的，给予警告或者严重警告处分；情节较重的，给予撤销党内职务或者留党察看处分；情节严重的，给予开除党籍处分。

对不明真相被裹挟参加，经批评教育后确有悔改表现的，可以免予处分或者不予处分。

未经组织批准参加其他集会、游行、示威等活动，情节较轻的，给予警告或者严重警告处分；情节较重的，给予撤销党内职务或者留党察看处分；情节严重的，给予开除党籍处分。

根据《公职人员政务处分法》第二十八条的规定，参加旨在反对宪法、中国共产党领导和国家的集会、游行、示威等活动的，予以记过或者记大过；情节较重的，予以降级或者撤职；情节严重的，予以开除。对策划者、组织者和骨干分子，予以开除。

40. 组织、参加旨在反对党的领导、反对社会主义制度或者敌视政府等组织

《纪律处分条例》第六十五条规定，组织、参加旨在反对党的领导、反对社会主义制度或者敌视政府等组织的，对策划者、组织者和骨干分子，给予开除党籍处分。

对其他参加人员，情节较轻的，给予警告或者严重警告处分；情节较重的，给予撤销党内职务或者留党察看处分；情节严重的，给予开除党籍处分。

41. 组织、参加会道门或者邪教组织

《纪律处分条例》第六十六条规定，组织、参加会道门或者邪教组织的，对策划者、组织者和骨干分子，给予开除党籍处分。

对其他参加人员，情节较轻的，给予警告或者严重警告处分；情节较重的，给予撤销党内职务或者留党察看处分；情节严重的，给予开除党籍处分。

对不明真相的参加人员，经批评教育后确有悔改表现的，可以免予处分或者不予处分。

根据《公职人员政务处分法》第二十八条的规定，参加非法组织、非法活动的，予以记过或者记大过；情节较重的，予以降级或者撤职；情节严重的，予以开除。对策划者、组织者和骨干分子，予以开除。

42. 从事、参与挑拨破坏民族关系制造事端或者参加民族分裂活动

《纪律处分条例》第六十七条规定，从事、参与挑拨破坏民族关系制造事端或者参加民族分裂活动的，对策划者、组织者和骨干分子，给予开除党籍处分。

对其他参加人员，情节较轻的，给予警告或者严重警告处分；情节较重的，给予撤销党内职务或者留党察看处分；情节严重的，给予开除党籍处分。

对不明真相被裹挟参加，经批评教育后确有悔改表现的，可以

免予处分或者不予处分。

有其他违反党和国家民族政策的行为，情节较轻的，给予警告或者严重警告处分；情节较重的，给予撤销党内职务或者留党察看处分；情节严重的，给予开除党籍处分。

根据《公职人员政务处分法》第二十八条的规定，挑拨、破坏民族关系，或者参加民族分裂活动的，予以记过或者记大过；情节较重的，予以降级或者撤职；情节严重的，予以开除。对策划者、组织者和骨干分子，予以开除。

43. 组织、利用宗教活动反对党的理论、路线、方针、政策和决议，破坏民族团结

《纪律处分条例》第六十八条规定，组织、利用宗教活动反对党的理论、路线、方针、政策和决议，破坏民族团结的，对策划者、组织者和骨干分子，给予开除党籍处分。

对其他参加人员，给予撤销党内职务或者留党察看处分；情节严重的，给予开除党籍处分。

对不明真相被裹挟参加，经批评教育后确有悔改表现的，可以免予处分或者不予处分。

有其他违反党和国家宗教政策的行为，情节较轻的，给予警告或者严重警告处分；情节较重的，给予撤销党内职务或者留党察看处分；情节严重的，给予开除党籍处分。

根据《公职人员政务处分法》第二十八条的规定，利用宗教活动破坏民族团结和社会稳定的，予以记过或者记大过；情节较重

的，予以降级或者撤职；情节严重的，予以开除。对策划者、组织者和骨干分子，予以开除。

44. 党员信仰宗教

《纪律处分条例》第六十九条规定，对信仰宗教的党员，应当加强思想教育，要求其限期改正；经党组织帮助教育仍没有转变的，应当劝其退党；劝而不退的，予以除名；参与利用宗教搞煽动活动的，给予开除党籍处分。

45. 组织迷信活动，参加迷信活动或者个人搞迷信活动

《纪律处分条例》第七十条规定，组织迷信活动的，给予撤销党内职务或者留党察看处分；情节严重的，给予开除党籍处分。

参加迷信活动或者个人搞迷信活动，造成不良影响的，给予警告或者严重警告处分；情节较重的，给予撤销党内职务或者留党察看处分；情节严重的，给予开除党籍处分。

对不明真相的参加人员，经批评教育后确有悔改表现的，可以免予处分或者不予处分。

《公职人员政务处分法》第四十条规定，参与或者支持迷信活动，造成不良影响的，予以警告、记过或者记大过；情节较重的，予以降级或者撤职；情节严重的，予以开除。

46. 组织、利用宗族势力对抗党和政府，妨碍党和国家的方针政策以及决策部署的实施，或者破坏党的基层组织建设

《纪律处分条例》第七十一条规定，组织、利用宗族势力对抗

党和政府，妨碍党和国家的方针政策以及决策部署的实施，或者破坏党的基层组织建设的，对策划者、组织者和骨干分子，给予开除党籍处分。对其他参加人员，给予撤销党内职务或者留党察看处分；情节严重的，给予开除党籍处分。对不明真相被裹挟参加，经批评教育后确有悔改表现的，可以免予处分或者不予处分。

47. 在国（境）外、外国驻华使（领）馆申请政治避难，或者违纪后逃往国（境）外、外国驻华使（领）馆的，或者在国（境）外公开发表反对党和政府的文章、演说、宣言、声明

《纪律处分条例》第七十二条规定，在国（境）外、外国驻华使（领）馆申请政治避难，或者违纪后逃往国（境）外、外国驻华使（领）馆的，给予开除党籍处分。在国（境）外公开发表反对党和政府的文章、演说、宣言、声明等的，依照前述规定处理。故意为上述行为提供方便条件的，给予留党察看或者开除党籍处分。

48. 在涉外活动中，其言行在政治上造成恶劣影响，损害党和国家尊严、利益

《纪律处分条例》第七十三条规定，在涉外活动中，其言行在政治上造成恶劣影响，损害党和国家尊严、利益的，给予撤销党内职务或者留党察看处分；情节严重的，给予开除党籍处分。

根据《公职人员政务处分法》第二十八条的规定，在对外交往中损害国家荣誉和利益的，予以记过或者记大过；情节较重的，予

以降级或者撤职；情节严重的，予以开除。

49. 不履行全面从严治党主体责任、监督责任或者履行全面从严治党主体责任、监督责任不力

《纪律处分条例》第七十四条规定，不履行全面从严治党主体责任、监督责任或者履行全面从严治党主体责任、监督责任不力，给党组织造成严重损害或者严重不良影响的，对直接责任者和领导责任者，给予警告或者严重警告处分；情节严重的，给予撤销党内职务或者留党察看处分。

50. 对违反政治纪律和政治规矩等错误思想和行为不报告、不抵制、不斗争

《纪律处分条例》第七十五条规定，党员领导干部对违反政治纪律和政治规矩等错误思想和行为不报告、不抵制、不斗争，放任不管，搞无原则一团和气，造成不良影响的，给予警告或者严重警告处分；情节严重的，给予撤销党内职务或者留党察看处分。

51. 违反党的优良传统和工作惯例等党的规矩，在政治上造成不良影响或者严重后果

《纪律处分条例》第七十六条规定，违反党的优良传统和工作惯例等党的规矩，在政治上造成不良影响或者严重后果的，给予警告或者严重警告处分；情节较重的，给予撤销党内职务或者留党察看处分；情节严重的，给予开除党籍处分。

三、组织纪律红线

52. 违反民主集中制原则

《纪律处分条例》第七十七条规定，违反民主集中制原则，有下列行为之一的，给予警告或者严重警告处分；情节严重的，给予撤销党内职务或者留党察看处分：

（1）拒不执行或者擅自改变党组织作出的重大决定；

（2）违反议事规则，个人或者少数人决定重大问题；

（3）故意规避集体决策，决定重大事项、重要干部任免、重要项目安排和大额资金使用；

（4）借集体决策名义集体违规。

根据《公职人员政务处分法》第三十条的规定，违反民主集中制原则，个人或者少数人决定重大事项，或者拒不执行、擅自改变集体作出的重大决定的，予以警告、记过或者记大过；情节严重的，予以降级或者撤职。

53. 下级党组织拒不执行或者擅自改变上级党组织决定

《纪律处分条例》第七十八条规定，下级党组织拒不执行或者擅自改变上级党组织决定的，对直接责任者和领导责任者，给予警告或者严重警告处分；情节严重的，给予撤销党内职务或者留党察看处分。

根据《公职人员政务处分法》第三十条的规定，拒不执行或者变相不执行、拖延执行上级依法作出的决定、命令的，予以警告、记过或者记大过；情节严重的，予以降级或者撤职。

54. 拒不执行党组织的分配、调动、交流等决定

《纪律处分条例》第七十九条规定，拒不执行党组织的分配、调动、交流等决定的，给予警告、严重警告或者撤销党内职务处分。在特殊时期或者紧急状况下，拒不执行党组织上述决定的，给予留党察看或者开除党籍处分。

55. 在党组织纪律审查中，依法依规负有作证义务的党员拒绝作证或者故意提供虚假情况

《纪律处分条例》第八十条规定，在党组织纪律审查中，依法依规负有作证义务的党员拒绝作证或者故意提供虚假情况，情节较重的，给予警告或者严重警告处分；情节严重的，给予撤销党内职务、留党察看或者开除党籍处分。

56. 隐瞒不报、不如实报告、弄虚作假、隐瞒入党前严重错误行为

《纪律处分条例》第八十一条规定，有下列行为之一，情节较重的，给予警告或者严重警告处分：（1）违反个人有关事项报告规

定，隐瞒不报；（2）在组织进行谈话函询时，不如实向组织说明问题；（3）不按要求报告或者不如实报告个人去向；（4）不如实填报个人档案资料。

在组织进行谈话函询时，不如实向组织说明问题，同时向组织提供虚假情况、掩盖事实的，依照本条例第六十三条关于对抗组织审查行为的处分规定处理。

篡改、伪造个人档案资料的，给予严重警告处分；情节严重的，给予撤销党内职务或者留党察看处分。

隐瞒入党前严重错误的，一般应当予以除名；对入党多年且一贯表现好，或者在工作中作出突出贡献的，给予严重警告、撤销党内职务或者留党察看处分。

《公职人员政务处分法》第二十九条第二款规定，违反个人有关事项报告规定，隐瞒不报，情节较重的，予以警告、记过或者记大过。

《公职人员政务处分法》第二十九条第三款规定，篡改、伪造本人档案资料的，予以记过或者记大过；情节严重的，予以降级或者撤职。

57. 违规组织、参加自发成立的老乡会、校友会、战友会等

《纪律处分条例》第八十二条规定，党员领导干部违反有关规定组织、参加自发成立的老乡会、校友会、战友会等，情节严重的，给予警告、严重警告或者撤销党内职务处分。

58. 在选举中进行违反党章、其他党内法规和有关章程的活动

《纪律处分条例》第八十三条规定，有下列行为之一的，给予警告或者严重警告处分；情节较重的，给予撤销党内职务或者留党察看处分；情节严重的，给予开除党籍处分：

（1）在民主推荐、民主测评、组织考察和党内选举中搞拉票、助选等非组织活动；

（2）在法律规定的投票、选举活动中违背组织原则搞非组织活动，组织、怂恿、诱使他人投票、表决；

（3）在选举中进行其他违反党章、其他党内法规和有关章程活动。

搞有组织的拉票贿选，或者用公款拉票贿选的，从重或者加重处分。

根据《公职人员政务处分法》第三十二条的规定，以暴力、威胁、贿赂、欺骗等手段破坏选举的，予以警告、记过或者记大过；情节较重的，予以降级或者撤职；情节严重的，予以开除。

59. 在干部选拔任用工作中，有任人唯亲等违反干部选拔任用规定行为

《纪律处分条例》第八十四条规定，在干部选拔任用工作中，有任人唯亲、排斥异己、封官许愿、说情干预、跑官要官、突击提拔或者调整干部等违反干部选拔任用规定行为，对直接责任者和领导责任者，情节较轻的，给予警告或者严重警告处分；情节较重

的，给予撤销党内职务或者留党察看处分；情节严重的，给予开除党籍处分。用人失察失误造成严重后果的，对直接责任者和领导责任者，依照前述规定处理。

60. 在推进领导干部能上能下工作中，搞好人主义，避重就轻作出处理

《纪律处分条例》第八十五条规定，在推进领导干部能上能下工作中，搞好人主义，有下列行为之一，对直接责任者和领导责任者，情节较重的，给予警告或者严重警告处分；情节严重的，给予撤销党内职务或者留党察看处分：（1）以党纪政务等处分规避组织调整；（2）以组织调整代替党纪政务等处分；（3）其他避重就轻作出处理行为。

61. 在录用、考核等人事工作，授予学术称号和征兵、安置退役军人等工作中弄虚作假，或者利用职权谋取利益

《纪律处分条例》第八十六条规定，在干部、职工的录用、考核、职务职级晋升、职称评聘、荣誉表彰，授予学术称号和征兵、安置退役军人等工作中，隐瞒、歪曲事实真相，或者利用职权或者职务上的影响违反有关规定为本人或者其他人谋取利益的，给予警告或者严重警告处分；情节较重的，给予撤销党内职务或者留党察看处分；情节严重的，给予开除党籍处分。

弄虚作假，骗取职务、职级、职称、待遇、资格、学历、学位、荣誉、称号或者其他利益的，依照前述规定处理。

根据《公职人员政务处分法》第三十二条的规定，在选拔任用、录用、聘用、考核、晋升、评选等干部人事工作中违反有关规定的，或者弄虚作假，骗取职务、职级、衔级、级别、岗位和职员等级、职称、待遇、资格、学历、学位、荣誉、奖励或者其他利益的，予以警告、记过或者记大过；情节较重的，予以降级或者撤职；情节严重的，予以开除。

62. 侵犯党员的表决权、选举权和被选举权

《纪律处分条例》第八十七条规定，侵犯党员的表决权、选举权和被选举权，情节较重的，给予警告或者严重警告处分；情节严重的，给予撤销党内职务处分。

以强迫、威胁、欺骗、拉拢等手段，妨害党员自主行使表决权、选举权和被选举权的，给予撤销党内职务、留党察看或者开除党籍处分。

63. 侵犯党员批评、检举、控告、申辩、辩护、作证、申诉等权利

《纪律处分条例》第八十八条规定，有下列行为之一的，对直接责任者和领导责任者，给予警告或者严重警告处分；情节较重的，给予撤销党内职务或者留党察看处分；情节严重的，给予开除党籍处分：

（1）对批评、检举、控告进行阻挠、压制，或者将批评、检举、控告材料私自扣压、销毁，或者故意将其泄露给他人；

（2）对党员的申辩、辩护、作证等进行压制，造成不良后果；

（3）压制党员申诉，造成不良后果，或者不按照有关规定处理党员申诉；

（4）其他侵犯党员权利行为，造成不良后果。

对批评人、检举人、控告人、证人及其他人员打击报复的，从重或者加重处分。

根据《公职人员政务处分法》第三十二条的规定，对依法行使批评、申诉、控告、检举等权利的行为进行压制或者打击报复的，或者诬告陷害，意图使他人受到名誉损害或者责任追究等不良影响的，予以警告、记过或者记大过；情节较重的，予以降级或者撤职；情节严重的，予以开除。

64. 违规发展党员，或者为非党员出具党员身份证明

《纪律处分条例》第八十九条规定，违反党章和其他党内法规的规定，采取弄虚作假或者其他手段把不符合党员条件的人发展为党员，或者为非党员出具党员身份证明的，对直接责任者和领导责任者，给予警告或者严重警告处分；情节严重的，给予撤销党内职务处分。违反有关规定程序发展党员的，对直接责任者和领导责任者，依照前述规定处理。

65. 违规取得外国国籍或者获取国（境）外永久居留资格、长期居留许可

《纪律处分条例》第九十条规定，违反有关规定取得外国国籍

或者获取国（境）外永久居留资格、长期居留许可的，给予撤销党内职务、留党察看或者开除党籍处分。

《公职人员政务处分法》第三十一条第二款规定，违反规定取得外国国籍或者获取境外永久居留资格、长期居留许可的，予以撤职或者开除。

66. 违规办理因私出国（境）证件，未经批准出入国（边）境，或者虽经批准因私出国（境）但存在擅自变更路线、无正当理由超期未归等超出批准范围出国（境）行为

《纪律处分条例》第九十一条规定，违反有关规定办理因私出国（境）证件、前往港澳通行证，或者未经批准出入国（边）境，情节较轻的，给予警告或者严重警告处分；情节较重的，给予撤销党内职务或者留党察看处分；情节严重的，给予开除党籍处分。

虽经批准因私出国（境）但存在擅自变更路线、无正当理由超期未归等超出批准范围出国（境）行为，情节较重的，给予警告或者严重警告处分；情节严重的，给予撤销党内职务处分。

《公职人员政务处分法》第三十一条第一款规定，违反规定出境或者办理因私出境证件的，予以记过或者记大过；情节严重的，予以降级或者撤职。

67. 在国（境）外擅自脱离组织，或者从事外事、机要、军事等工作的党员违反有关规定对外联系和交往

《纪律处分条例》第九十二条规定，驻外机构或者临时出国

（境）团（组）中的党员擅自脱离组织，或者从事外事、机要、军事等工作的党员违反有关规定同国（境）外机构、人员联系和交往的，给予警告、严重警告或者撤销党内职务处分。

第九十三条规定，驻外机构或者临时出国（境）团（组）中的党员，脱离组织出走时间不满六个月又自动回归的，给予撤销党内职务或者留党察看处分；脱离组织出走时间超过六个月的，按照自行脱党处理，党内予以除名。故意为他人脱离组织出走提供方便条件的，给予警告、严重警告或者撤销党内职务处分。

四、廉洁纪律红线

68. 利用职权或者职务上的影响为他人谋取利益，亲属和其他特定关系人收受对方财物

《纪律处分条例》第九十四条规定，党员干部必须正确行使人民赋予的权力，清正廉洁，反对特权思想和特权现象，反对任何滥用职权、谋求私利的行为。

利用职权或者职务上的影响为他人谋取利益，本人的配偶、子女及其配偶等亲属和其他特定关系人收受对方财物，情节较重的，给予警告或者严重警告处分；情节严重的，给予撤销党内职务、留党察看或者开除党籍处分。

根据《公职人员政务处分法》第三十三条第一款的规定，贪污贿赂的，或者利用职权或者职务上的影响为本人或者他人谋取私利的，予以警告、记过或者记大过；情节较重的，予以降级或者撤职；情节严重的，予以开除。

69. 相互利用职权或者职务上的影响为对方及其亲属、身边工作人员和其他特定关系人谋取利益搞权权交易

《纪律处分条例》第九十五条规定，相互利用职权或者职务上

的影响为对方及其配偶、子女及其配偶等亲属、身边工作人员和其他特定关系人谋取利益搞权权交易的，给予警告或者严重警告处分；情节较重的，给予撤销党内职务或者留党察看处分；情节严重的，给予开除党籍处分。

70. 纵容、默许亲属、身边工作人员和其他特定关系人利用党员干部本人职权或者职务上的影响谋取私利

《纪律处分条例》第九十六条规定，纵容、默许配偶、子女及其配偶等亲属、身边工作人员和其他特定关系人利用党员干部本人职权或者职务上的影响谋取私利，情节较轻的，给予警告或者严重警告处分；情节较重的，给予撤销党内职务或者留党察看处分；情节严重的，给予开除党籍处分。

党员干部的配偶、子女及其配偶等亲属和其他特定关系人不实际工作而获取薪酬或者虽实际工作但领取明显超出同职级标准薪酬，党员干部知情未予纠正的，依照前述规定处理。

根据《公职人员政务处分法》第三十三条第一款的规定，纵容、默许特定关系人利用本人职权或者职务上的影响谋取私利的，予以警告、记过或者记大过；情节较重的，予以降级或者撤职；情节严重的，予以开除。

71. 收受可能影响公正执行公务的礼品、礼金等财物

《纪律处分条例》第九十七条规定，收受可能影响公正执行公务的礼品、礼金、消费卡（券）和有价证券、股权、其他金融产品

等财物，情节较轻的，给予警告或者严重警告处分；情节较重的，给予撤销党内职务或者留党察看处分；情节严重的，给予开除党籍处分。收受其他明显超出正常礼尚往来的财物的，依照前述规定处理。

《公职人员政务处分法》第三十四条第一款规定，收受可能影响公正行使公权力的礼品、礼金、有价证券等财物的，予以警告、记过或者记大过；情节较重的，予以降级或者撤职；情节严重的，予以开除。

72. 赠送超出正常礼尚往来的礼品、礼金等财物，以讲课费、课题费、咨询费等名义变相送礼

《纪律处分条例》第九十八条规定，向从事公务的人员及其配偶、子女及其配偶等亲属和其他特定关系人赠送明显超出正常礼尚往来的礼品、礼金、消费卡（券）和有价证券、股权、其他金融产品等财物，情节较重的，给予警告或者严重警告处分；情节严重的，给予撤销党内职务或者留党察看处分。以讲课费、课题费、咨询费等名义变相送礼的，依照前述规定处理。

《公职人员政务处分法》第三十四条第二款规定，向公职人员及其特定关系人赠送可能影响公正行使公权力的礼品、礼金、有价证券等财物，或者接受、提供可能影响公正行使公权力的宴请、旅游、健身、娱乐等活动安排，情节较重的，予以警告、记过或者记大过；情节严重的，予以降级或者撤职。

73. 借用管理和服务对象的钱款、住房、车辆等，或者通过金融活动获取大额回报，可能影响公正执行公务

《纪律处分条例》第九十九条规定，借用管理和服务对象的钱款、住房、车辆等，可能影响公正执行公务，情节较重的，给予警告或者严重警告处分；情节严重的，给予撤销党内职务、留党察看或者开除党籍处分。

通过民间借贷等金融活动获取大额回报，可能影响公正执行公务的，依照前述规定处理。

74. 利用职权或者职务上的影响操办婚丧喜庆事宜

《纪律处分条例》第一百条规定，利用职权或者职务上的影响操办婚丧喜庆事宜，造成不良影响的，给予警告或者严重警告处分；情节严重的，给予撤销党内职务处分；借机敛财或者有其他侵犯国家、集体和人民利益行为的，从重或者加重处分，直至开除党籍。

75. 接受、提供可能影响公正执行公务的宴请或者旅游、健身、娱乐等活动安排

《纪律处分条例》第一百零一条规定，接受、提供可能影响公正执行公务的宴请或者旅游、健身、娱乐等活动安排，情节较重的，给予警告或者严重警告处分；情节严重的，给予撤销党内职务或者留党察看处分。

76. 违规取得、持有、实际使用各种消费卡（券），或者违规出入私人会所

《纪律处分条例》第一百零二条规定，违反有关规定取得、持有、实际使用运动健身卡、会所和俱乐部会员卡、高尔夫球卡等各种消费卡（券），或者违反有关规定出入私人会所，情节较重的，给予警告或者严重警告处分；情节严重的，给予撤销党内职务或者留党察看处分。

77. 违规从事营利活动

《纪律处分条例》第一百零三条规定，违反有关规定从事营利活动，有下列行为之一，情节较轻的，给予警告或者严重警告处分；情节较重的，给予撤销党内职务或者留党察看处分；情节严重的，给予开除党籍处分：（1）经商办企业；（2）拥有非上市公司（企业）的股份或者证券；（3）买卖股票或者进行其他证券投资；（4）从事有偿中介活动；（5）在国（境）外注册公司或者投资入股；（6）其他违反有关规定从事营利活动的行为。

利用参与企业重组改制、定向增发、兼并投资、土地使用权出让等工作中掌握的信息买卖股票，利用职权或者职务上的影响通过购买信托产品、基金等方式非正常获利的，依照前述规定处理。

违反有关规定在经济组织、社会组织等单位中兼职，或者经批准兼职但获取薪酬、奖金、津贴等额外利益的，依照该条第一款规定处理。

《公职人员政务处分法》第三十六条规定，违反规定从事或者参与营利性活动，或者违反规定兼任职务、领取报酬的，予以警告、记过或者记大过；情节较重的，予以降级或者撤职；情节严重的，予以开除。

78. 利用职权或者职务上的影响，为亲属和其他特定关系人谋取利益

《纪律处分条例》第一百零四条规定，利用职权或者职务上的影响，为配偶、子女及其配偶等亲属和其他特定关系人在审批监管、资源开发、金融信贷、大宗采购、土地使用权出让、房地产开发、工程招投标以及公共财政收支等方面谋取利益，情节较轻的，给予警告或者严重警告处分；情节较重的，给予撤销党内职务或者留党察看处分；情节严重的，给予开除党籍处分。

利用职权或者职务上的影响，为配偶、子女及其配偶等亲属和其他特定关系人吸收存款、推销金融产品、经营名贵特产类特殊资源等提供帮助谋取利益的，依照前述规定处理。

79. 离职或者退（离）休后违反规定任职或者从事营利活动

《纪律处分条例》第一百零五条规定，离职或者退（离）休后违反有关规定接受原任职务管辖的地区和业务范围内或者与原工作业务直接相关的企业和中介机构等单位的聘用，或者个人从事与原任职务管辖业务或者与原工作业务直接相关的营利活动，情节较轻的，给予警告或者严重警告处分；情节较重的，给予撤销党内职务

处分；情节严重的，给予留党察看处分。

党员领导干部离职或者退（离）休后违反有关规定担任上市公司、基金管理公司独立董事、独立监事等职务，情节较轻的，给予警告或者严重警告处分；情节较重的，给予撤销党内职务处分；情节严重的，给予留党察看处分。

80. 离职或者退（离）休后利用原职权或者职务上的影响，为亲属和其他特定关系人从事经营活动谋取利益

《纪律处分条例》第一百零六条规定，离职或者退（离）休后利用原职权或者职务上的影响，为配偶、子女及其配偶等亲属和其他特定关系人从事经营活动谋取利益，情节较轻的，给予警告或者严重警告处分；情节较重的，给予撤销党内职务或者留党察看处分；情节严重的，给予开除党籍处分。

离职或者退（离）休后利用原职权或者职务上的影响为他人谋取利益，本人的配偶、子女及其配偶等亲属和其他特定关系人收受对方财物，情节较重的，给予警告或者严重警告处分；情节严重的，给予撤销党内职务、留党察看或者开除党籍处分。

81. 党员领导干部的配偶、子女及其配偶有违反经商办企业禁业规定行为

《纪律处分条例》第一百零七条规定，党员领导干部的配偶、子女及其配偶，违反有关规定在该党员领导干部管辖的地区和业务范围内从事可能影响其公正执行公务的经营活动，或者有其他违反

经商办企业禁业规定行为的，该党员领导干部应当按照规定予以纠正；拒不纠正的，其本人应当辞去现任职务或者由组织予以调整职务；不辞去现任职务或者不服从组织调整职务的，给予撤销党内职务处分。

根据《公职人员政务处分法》第三十三条第二款的规定，拒不按照规定纠正特定关系人违规任职、兼职或者从事经营活动，且不服从职务调整的，予以撤职。

82. 党和国家机关违反有关规定经商办企业

《纪律处分条例》第一百零八条规定，党和国家机关违反有关规定经商办企业的，对直接责任者和领导责任者，给予警告或者严重警告处分；情节严重的，给予撤销党内职务处分。

83. 违反工作、生活保障制度，为本人、亲属、身边工作人员和其他特定关系人谋求特殊待遇

《纪律处分条例》第一百零九条规定，党员领导干部违反工作、生活保障制度，在交通、医疗、警卫等方面为本人、配偶、子女及其配偶等亲属、身边工作人员和其他特定关系人谋求特殊待遇，情节较重的，给予警告或者严重警告处分；情节严重的，给予撤销党内职务或者留党察看处分。

84. 在分配、购买住房中侵犯国家、集体利益

《纪律处分条例》第一百一十条规定，在分配、购买住房中侵

犯国家、集体利益，情节较轻的，给予警告或者严重警告处分；情节较重的，给予撤销党内职务或者留党察看处分；情节严重的，给予开除党籍处分。

85. 利用职权或者职务上的影响，侵占公私财物，无偿、象征性地支付报酬接受服务、使用劳务，或者违规报销

《纪律处分条例》第一百一十一条规定，利用职权或者职务上的影响，侵占非本人经管的公私财物，或者以象征性地支付钱款等方式侵占公私财物，或者无偿、象征性地支付报酬接受服务、使用劳务，情节较轻的，给予警告或者严重警告处分；情节较重的，给予撤销党内职务或者留党察看处分；情节严重的，给予开除党籍处分。

利用职权或者职务上的影响，将应当由本人、配偶、子女及其配偶等亲属、身边工作人员和其他特定关系人个人支付的费用，由下属单位、其他单位或者他人支付、报销的，依照前述规定处理。

86. 利用职权或者职务上的影响，违规占用公物归个人使用，时间超过六个月，或者占用公物进行营利活动、将公物借给他人进行营利活动

《纪律处分条例》第一百一十二条规定，利用职权或者职务上的影响，违反有关规定占用公物归个人使用，时间超过六个月，情节较重的，给予警告或者严重警告处分；情节严重的，给予撤销党内职务处分。

占用公物进行营利活动的，给予警告或者严重警告处分；情节较重的，给予撤销党内职务或者留党察看处分；情节严重的，给予开除党籍处分。

将公物借给他人进行营利活动的，依照前述规定处理。

87. 违规组织、参加用公款支付的宴请、娱乐、健身活动，或者用公款购买赠送或者发放礼品、消费卡（券）等

《纪律处分条例》第一百一十三条规定，违反有关规定组织、参加用公款支付的宴请、娱乐、健身活动，或者用公款购买赠送或者发放礼品、消费卡（券）等，对直接责任者和领导责任者，情节较轻的，给予警告或者严重警告处分；情节较重的，给予撤销党内职务或者留党察看处分；情节严重的，给予开除党籍处分。

根据《公职人员政务处分法》第三十五条的规定，违反规定公款消费，情节较重的，予以警告、记过或者记大过；情节严重的，予以降级或者撤职。

88. 违规自定薪酬或者滥发津贴、补贴、奖金、福利等

《纪律处分条例》第一百一十四条规定，违反有关规定自定薪酬或者滥发津贴、补贴、奖金、福利等，对直接责任者和领导责任者，情节较轻的，给予警告或者严重警告处分；情节较重的，给予撤销党内职务或者留党察看处分；情节严重的，给予开除党籍处分。

根据《公职人员政务处分法》第三十五条的规定，违反规定设

定、发放薪酬或者津贴、补贴、奖金，情节较重的，予以警告、记过或者记大过；情节严重的，予以降级或者撤职。

89. 公款旅游、变相公款旅游、借机旅游

《纪律处分条例》第一百一十五条规定，有下列行为之一，对直接责任者和领导责任者，情节较轻的，给予警告或者严重警告处分；情节较重的，给予撤销党内职务或者留党察看处分；情节严重的，给予开除党籍处分：

（1）公款旅游或者以学习培训、考察调研、职工疗养等为名变相公款旅游；

（2）改变公务行程，借机旅游；

（3）参加所管理企业、下属单位组织的考察活动，借机旅游。

以考察、学习、培训、研讨、招商、参展等名义变相用公款出国（境）旅游的，对直接责任者和领导责任者，依照前述规定处理。

90. 违反接待管理规定，超标准、超范围接待或者借机大吃大喝

《纪律处分条例》第一百一十六条规定，违反接待管理规定，超标准、超范围接待或者借机大吃大喝，对直接责任者和领导责任者，情节较重的，给予警告或者严重警告处分；情节严重的，给予撤销党内职务处分。

91. 违反公务交通工具管理规定

《纪律处分条例》第一百一十七条规定，违反有关规定配备、

购买、更换、装饰、使用公务交通工具或者有其他违反公务交通工具管理规定的行为，对直接责任者和领导责任者，情节较重的，给予警告或者严重警告处分；情节严重的，给予撤销党内职务或者留党察看处分。

92. 违反会议活动管理规定，擅自举办评比达标表彰、创建示范活动或者借机收取费用

《纪律处分条例》第一百一十八条规定，违反会议活动管理规定，有下列行为之一，对直接责任者和领导责任者，情节较重的，给予警告或者严重警告处分；情节严重的，给予撤销党内职务处分：

（1）到禁止召开会议的风景名胜区开会；

（2）决定或者批准举办各类节会、庆典活动；

（3）其他违反会议活动管理规定行为。

擅自举办评比达标表彰、创建示范活动或者借评比达标表彰、创建示范活动收取费用的，对直接责任者和领导责任者，依照前述规定处理。

93. 违反办公用房管理规定

《纪律处分条例》第一百一十九条规定，违反办公用房管理等规定，有下列行为之一，对直接责任者和领导责任者，情节较重的，给予警告或者严重警告处分；情节严重的，给予撤销党内职务处分：

（1）决定或者批准兴建、装修办公楼、培训中心等楼堂馆所；

（2）超标准配备、使用办公用房；

（3）未经批准租用、借用办公用房；

（4）用公款包租、占用客房或者其他场所供个人使用；

（5）其他违反办公用房管理等规定行为。

根据《公职人员政务处分法》第三十五条的规定，违反规定，在公务接待、公务交通、会议活动、办公用房以及其他工作生活保障等方面超标准、超范围，情节较重的，予以警告、记过或者记大过；情节严重的，予以降级或者撤职。

94. 搞权色交易或者给予财物搞钱色交易

《纪律处分条例》第一百二十条规定，搞权色交易或者给予财物搞钱色交易的，给予警告或者严重警告处分；情节较重的，给予撤销党内职务或者留党察看处分；情节严重的，给予开除党籍处分。

五、群众纪律红线

95. 侵害群众利益

《纪律处分条例》第一百二十二条规定，有下列行为之一，对直接责任者和领导责任者，情节较轻的，给予警告或者严重警告处分；情节较重的，给予撤销党内职务或者留党察看处分；情节严重的，给予开除党籍处分：

（1）超标准、超范围向群众筹资筹劳、摊派费用，加重群众负担；

（2）违反有关规定扣留、收缴群众款物或者处罚群众；

（3）克扣群众财物，或者违反有关规定拖欠群众钱款；

（4）在管理、服务活动中违反有关规定收取费用；

（5）在办理涉及群众事务时刁难群众、吃拿卡要；

（6）其他侵害群众利益行为。

在乡村振兴领域有上述行为的，从重或者加重处分。

根据《公职人员政务处分法》第三十八条的规定，违反规定向管理服务对象收取、摊派财物，或者在管理服务活动中故意刁难、吃拿卡要，或者有其他侵犯管理服务对象利益的行为，造成不良后果或者影响，情节较重的，予以警告、记过或者记大过；情节严重的，予以降级或者撤职。情节特别严重的，予以开除。

96. 干涉生产经营自主权，致使群众财产遭受较大损失

《纪律处分条例》第一百二十三条规定，干涉生产经营自主权，致使群众财产遭受较大损失的，对直接责任者和领导责任者，给予警告或者严重警告处分；情节严重的，给予撤销党内职务或者留党察看处分。

97. 在社会保障、社会救助、政策扶持、救灾救济款物分配等事项中优亲厚友、明显有失公平

《纪律处分条例》第一百二十四条规定，在社会保障、社会救助、政策扶持、救灾救济款物分配等事项中优亲厚友、明显有失公平的，给予警告或者严重警告处分；情节较重的，给予撤销党内职务或者留党察看处分；情节严重的，给予开除党籍处分。

98. 利用宗族或者黑恶势力等欺压群众，或者纵容涉黑涉恶活动、为黑恶势力充当“保护伞”

《纪律处分条例》第一百二十五条规定，利用宗族或者黑恶势力等欺压群众，或者纵容涉黑涉恶活动、为黑恶势力充当“保护伞”的，给予撤销党内职务或者留党察看处分；情节严重的，给予开除党籍处分。

《公职人员政务处分法》第三十七条规定，利用宗族或者黑恶势力等欺压群众，或者纵容、包庇黑恶势力活动的，予以撤职；情

节严重的，予以开除。

99. 不作为、乱作为、慢作为、假作为等，损害群众利益

《纪律处分条例》第一百二十六条规定，有下列行为之一，对直接责任者和领导责任者，情节较重的，给予警告或者严重警告处分；情节严重的，给予撤销党内职务或者留党察看处分：

（1）对涉及群众生产、生活等切身利益的问题依照政策或者有关规定能解决而不及时解决，庸懒无为、效率低下，造成不良影响；

（2）对符合政策的群众诉求消极应付、推诿扯皮，损害党群、干群关系；

（3）对待群众态度恶劣、简单粗暴，造成不良影响；

（4）弄虚作假，欺上瞒下，损害群众利益；

（5）其他不作为、乱作为、慢作为、假作为等损害群众利益行为。

根据《公职人员政务处分法》第三十八条的规定，在管理服务活动中态度恶劣粗暴，造成不良后果或者影响，情节较重的，予以警告、记过或者记大过；情节严重的，予以降级或者撤职。

100. 遇到国家财产和群众生命财产受到严重威胁时，能救而不救

《纪律处分条例》第一百二十七条规定，遇到国家财产和群众生命财产受到严重威胁时，能救而不救，情节较重的，给予警告、严重警告或者撤销党内职务处分；情节严重的，给予留党察看或者

开除党籍处分。

101. 不按照规定公开党务、政务、厂务、村（居）务等，侵犯群众知情权

《纪律处分条例》第一百二十八条规定，不按照规定公开党务、政务、厂务、村（居）务等，侵犯群众知情权，对直接责任者和领导责任者，情节较重的，给予警告或者严重警告处分；情节严重的，给予撤销党内职务或者留党察看处分。

根据《公职人员政务处分法》第三十八条的规定，不按照规定公开工作信息，侵犯管理服务对象知情权，造成不良后果或者影响，情节较重的，予以警告、记过或者记大过；情节严重的，予以降级或者撤职。

六、工作纪律红线

102. 工作中不负责任或者疏于管理，贯彻执行、检查督促落实上级决策部署不力；党员领导干部对于到任前已经存在且属于其职责范围内的问题，消极回避、推卸责任

《纪律处分条例》第一百三十条规定，工作中不负责任或者疏于管理，贯彻执行、检查督促落实上级决策部署不力，给党、国家和人民利益以及公共财产造成较大损失的，对直接责任者和领导责任者，给予警告或者严重警告处分；造成重大损失的，给予撤销党内职务、留党察看或者开除党籍处分。

党员领导干部对于到任前已经存在且属于其职责范围内的问题，消极回避、推卸责任，造成严重损害或者严重不良影响的，依照前述规定处理。

根据《公职人员政务处分法》第三十九条的规定，滥用职权，危害国家利益、社会公共利益或者侵害公民、法人、其他组织合法权益，或者不履行或者不正确履行职责，玩忽职守，贻误工作，造成不良后果或者影响的，予以警告、记过或者记大过；情节较重的，予以降级或者撤职；情节严重的，予以开除。

103. 工作中不敢斗争、不愿担当，面对重大矛盾冲突、危机困难临阵退缩

《纪律处分条例》第一百三十一条规定，工作中不敢斗争、不愿担当，面对重大矛盾冲突、危机困难临阵退缩，造成不良影响或者严重后果的，给予警告或者严重警告处分；情节严重的，给予撤销党内职务、留党察看或者开除党籍处分。

104. 形式主义、官僚主义

《纪律处分条例》第一百三十二条规定，有下列行为之一，造成严重损害或者严重不良影响的，对直接责任者和领导责任者，给予警告或者严重警告处分；情节较重的，给予撤销党内职务或者留党察看处分；情节严重的，给予开除党籍处分：

（1）热衷于搞舆论造势、浮在表面；

（2）单纯以会议贯彻会议、以文件落实文件，在实际工作中不见诸行动；

（3）脱离实际，不作深入调查研究，搞随意决策、机械执行；

（4）违反精文减会有关规定搞文山会海；

（5）在督查检查考核等工作中搞层层加码、过度留痕，增加基层工作负担；

（6）工作中其他形式主义、官僚主义行为。

根据《公职人员政务处分法》第三十九条的规定，工作中有形式主义、官僚主义行为，造成不良后果或者影响的，予以警告、记

过或者记大过；情节较重的，予以降级或者撤职；情节严重的，予以开除。

105. 在公务活动用餐、单位食堂用餐管理工作中不履行或者不正确履行宣传教育、监督管理职责，导致餐饮浪费

《纪律处分条例》第一百三十三条规定，在公务活动用餐、单位食堂用餐管理工作中不履行或者不正确履行宣传教育、监督管理职责，导致餐饮浪费，造成严重不良影响的，对直接责任者和领导责任者，给予警告或者严重警告处分；情节严重的，给予撤销党内职务处分。

106. 违反机构编制管理规定

《纪律处分条例》第一百三十四条规定，在机构编制工作中，有下列行为之一，造成不良影响或者严重后果的，对直接责任者和领导责任者，给予警告或者严重警告处分；情节较重的，给予撤销党内职务或者留党察看处分；情节严重的，给予开除党籍处分：

（1）擅自超出“三定”规定范围调整职责、设置机构、核定领导职数和配备人员；

（2）违规干预地方机构设置；

（3）其他违反机构编制管理规定行为。

107. 不履行或者不正确履行信访工作职责

《纪律处分条例》第一百三十五条规定，在信访工作中，有下

列行为之一，造成不良影响或者严重后果的，对直接责任者和领导责任者，给予警告或者严重警告处分；情节较重的，给予撤销党内职务或者留党察看处分；情节严重的，给予开除党籍处分：

（1）不按照规定受理、办理信访事项；

（2）对规模性集体访等处置不力，导致事态扩大；

（3）对党委和政府信访部门提出的改进工作、完善政策等建议重视不够、落实不力，导致问题长期得不到解决；

（4）其他不履行或者不正确履行信访工作职责行为。

不履行或者不正确履行职责，导致信访事项发生，造成不良影响或者严重后果的，对直接责任者和领导责任者，依照前述规定处理。

108. 党员被立案审查期间，党组织擅自批准其出差、出国（境）、辞职等，或者违规处理违纪党员

《纪律处分条例》第一百三十六条规定，党组织有下列行为之一，对直接责任者和领导责任者，情节较重的，给予警告或者严重警告处分；情节严重的，给予撤销党内职务或者留党察看处分：

（1）党员被立案审查期间，擅自批准其出差、出国（境）、辞职，或者对其交流、提拔职务、晋升职级、进一步使用、奖励，或者办理退休手续；

（2）党员被依法追究刑事责任后，不按照规定给予党纪处分，或者对党员违反国家法律法规的行为，应当给予党纪处分而不处分；

（3）党纪处分决定或者申诉复查决定作出后，不按照规定落实决定中关于被处分人党籍、职务、职级、待遇等事项；

（4）党员受到党纪处分后，不按照干部管理权限和组织关系对受处分党员开展日常教育、管理和监督工作。

109. 滥用问责，或者在问责工作中严重不负责任，造成不良影响

《纪律处分条例》第一百三十七条规定，滥用问责，或者在问责工作中严重不负责任，造成不良影响的，对直接责任者和领导责任者，给予警告或者严重警告处分；情节严重的，给予撤销党内职务处分。

110. 因工作不负责任致使所管理的人员叛逃或出逃、出走

《纪律处分条例》第一百三十八条规定，因工作不负责任致使所管理的人员叛逃的，对直接责任者和领导责任者，给予警告或者严重警告处分；情节严重的，给予撤销党内职务处分。

因工作不负责任致使所管理的人员出逃、出走，对直接责任者和领导责任者，情节较重的，给予警告或者严重警告处分；情节严重的，给予撤销党内职务处分。

111. 进行统计造假，或者对统计造假失察

《纪律处分条例》第一百三十九条规定，进行统计造假，对直接责任者和领导责任者，情节较轻的，给予警告或者严重警告处分；情节较重的，给予撤销党内职务或者留党察看处分；情节严重

的，给予开除党籍处分。

对统计造假失察，造成严重后果的，对直接责任者和领导责任者，给予警告或者严重警告处分；情节严重的，给予撤销党内职务、留党察看或者开除党籍处分。

根据《公职人员政务处分法》第三十九条的规定，工作中有弄虚作假，误导、欺骗行为，造成不良后果或者影响的，予以警告、记过或者记大过；情节较重的，予以降级或者撤职；情节严重的，予以开除。

112. 在上级检查、视察工作或者向上级汇报、报告工作时对应当报告的事项不报告或者不如实报告

《纪律处分条例》第一百四十条规定，在上级检查、视察工作或者向上级汇报、报告工作时对应当报告的事项不报告或者不如实报告，造成严重损害或者严重不良影响的，对直接责任者和领导责任者，给予警告或者严重警告处分；情节严重的，给予撤销党内职务或者留党察看处分。

在上级检查、视察工作或者向上级汇报、报告工作时纵容、唆使、暗示、强迫下级说假话、报假情的，从重或者加重处分。

113. 违规干预和插手市场经济活动

《纪律处分条例》第一百四十一条规定，违反有关规定干预和插手市场经济活动，有下列行为之一，情节较轻的，给予警告或者严重警告处分；情节较重的，给予撤销党内职务或者留党察看处

分；情节严重的，给予开除党籍处分：

（1）干预和插手建设工程项目承发包、土地使用权出让、政府采购、房地产开发与经营、矿产资源开发利用、中介机构服务等活动；

（2）干预和插手国有企业重组改制、兼并、破产、产权交易、清产核资、资产评估、资产转让、重大项目投资以及其他重大经营活动等事项；

（3）干预和插手批办各类行政许可和资金借贷等事项；

（4）干预和插手经济纠纷；

（5）干预和插手集体资金、资产和资源的使用、分配、承包、租赁等事项。

《纪律处分条例》第三十条第一款规定，党组织在纪律审查中发现党员有刑法规定的行为，虽不构成犯罪但须追究党纪责任的，或者有其他破坏社会主义市场经济秩序、违反治安管理等违法行为，损害党、国家和人民利益的，应当视具体情节给予警告直至开除党籍处分。

该条第二款规定，违反国家财经纪律，在公共资金收支、税务管理、国有资产管理、政府采购管理、金融管理、财务会计管理等财经活动中有违法行为的，依照该条第一款规定处理。

114. 违规干预和插手司法活动、执纪执法活动，以及公共财政资金分配、项目立项评审、功勋荣誉表彰奖励等活动

《纪律处分条例》第一百四十二条规定，违反有关规定干预和

插手司法活动、执纪执法活动，向有关地方或者部门打听案情、打招呼、说情，或者以其他方式对司法活动、执纪执法活动施加影响，情节较轻的，给予严重警告处分；情节较重的，给予撤销党内职务或者留党察看处分；情节严重的，给予开除党籍处分。

违反有关规定干预和插手公共财政资金分配、项目立项评审、功勋荣誉表彰奖励等活动，造成重大损失或者不良影响的，依照前述规定处理。

115. 按照有关规定对干预和插手行为负有报告和登记义务的受请托人，不按照规定报告或者登记

《纪律处分条例》第一百四十三条规定，按照有关规定对干预和插手行为负有报告和登记义务的受请托人，不按照规定报告或者登记，情节较重的，给予警告或者严重警告处分；情节严重的，给予撤销党内职务处分。

116. 泄露、扩散或者打探、窃取党组织关于干部选拔任用、纪律审查、巡视巡察等尚未公开事项或者其他应当保密的内容，或者私自留存有关资料

《纪律处分条例》第一百四十四条规定，泄露、扩散或者打探、窃取党组织关于干部选拔任用、纪律审查、巡视巡察等尚未公开事项或者其他应当保密的内容的，给予警告或者严重警告处分；情节较重的，给予撤销党内职务或者留党察看处分；情节严重的，给予开除党籍处分。

私自留存涉及党组织关于干部选拔任用、纪律审查、巡视巡察等方面资料，情节较重的，给予警告或者严重警告处分；情节严重的，给予撤销党内职务处分。

根据《公职人员政务处分法》第三十九条的规定，泄露国家秘密、工作秘密，或者泄露因履行职责掌握的商业秘密、个人隐私，造成不良后果或者影响的，予以警告、记过或者记大过；情节较重的，予以降级或者撤职；情节严重的，予以开除。

117. 在考试、录取工作中，有泄露试题、考场舞弊、涂改考卷、违规录取等违规行为

《纪律处分条例》第一百四十五条规定，在考试、录取工作中，有泄露试题、考场舞弊、涂改考卷、违规录取等违反有关规定行为的，给予警告或者严重警告处分；情节较重的，给予撤销党内职务或者留党察看处分；情节严重的，给予开除党籍处分。

118. 以不正当方式谋求本人或者其他人用公款出国（境）

《纪律处分条例》第一百四十六条规定，以不正当方式谋求本人或者其他人用公款出国（境），情节较轻的，给予警告处分；情节较重的，给予严重警告处分；情节严重的，给予撤销党内职务处分。

119. 临时出国（境）时，擅自延长在国（境）外期限，或者擅自变更路线

《纪律处分条例》第一百四十七条规定，临时出国（境）团（组）或者人员中的党员，擅自延长在国（境）外期限，或者擅自变更路线的，对直接责任者和领导责任者，给予警告或者严重警告处分；情节严重的，给予撤销党内职务处分。

120. 在国（境）外触犯驻在国家、地区的法律、法令或者不尊重其宗教习俗

《纪律处分条例》第一百四十八条规定，驻外机构或者临时出国（境）团（组）中的党员，触犯驻在国家、地区的法律、法令或者不尊重驻在国家、地区的宗教习俗，情节较重的，给予警告或者严重警告处分；情节严重的，给予撤销党内职务、留党察看或者开除党籍处分。

121. 在党的纪检、组织、宣传、统战工作以及机关工作等其他工作中，不履行或者不正确履行职责

《纪律处分条例》第一百四十九条规定，在党的纪律检查、组织、宣传、统一战线工作以及机关工作等其他工作中，不履行或者不正确履行职责，造成损失或者不良影响的，应当视具体情节给予警告直至开除党籍处分。

七、生活纪律红线

122. 生活奢靡、铺张浪费、贪图享乐、追求低级趣味

《纪律处分条例》第一百五十条规定，生活奢靡、铺张浪费、贪图享乐、追求低级趣味，造成不良影响的，给予警告或者严重警告处分；情节严重的，给予撤销党内职务处分。

123. 嫖娼，吸食、注射毒品，赌博

《纪律处分条例》第三十条第三款规定，党员有嫖娼或者吸食、注射毒品等丧失党员条件，严重败坏党的形象行为的，应当给予开除党籍处分。

根据《公职人员政务处分法》第四十条的规定，参与赌博的，予以警告、记过或者记大过；情节较重的，予以降级或者撤职；情节严重的，予以开除。吸食、注射毒品，组织赌博，组织、支持、参与卖淫、嫖娼、色情淫乱活动的，予以撤职或者开除。

《公职人员政务处分法》第四十一条规定，公职人员有其他违法行为，影响公职人员形象，损害国家和人民利益的，可以根据情节轻重给予相应政务处分。

124. 与他人发生不正当性关系

《纪律处分条例》第一百五十一条规定，与他人发生不正当性关系，造成不良影响的，给予警告或者严重警告处分；情节较重的，给予撤销党内职务或者留党察看处分；情节严重的，给予开除党籍处分。利用职权、教养关系、从属关系或者其他相类似关系与他人发生性关系的，从重处分。

125. 不重视家风建设，对配偶、子女及其配偶失管失教

《纪律处分条例》第一百五十二条规定，党员领导干部不重视家风建设，对配偶、子女及其配偶失管失教，造成不良影响或者严重后果的，给予警告或者严重警告处分；情节严重的，给予撤销党内职务处分。

126. 拒不承担赡养、抚养、扶养义务，实施家庭暴力，虐待、遗弃家庭成员

根据《公职人员政务处分法》第四十条的规定，拒不承担赡养、抚养、扶养义务的，或者实施家庭暴力，虐待、遗弃家庭成员的，或者有其他严重违反家庭美德、社会公德的行为的，予以警告、记过或者记大过；情节较重的，予以降级或者撤职；情节严重的，予以开除。

127. 违背社会公序良俗，在公共场所、网络空间有不当言行

《纪律处分条例》第一百五十三条规定，违背社会公序良俗，在公共场所、网络空间有不当言行，造成不良影响的，给予警告或者严重警告处分；情节较重的，给予撤销党内职务或者留党察看处分；情节严重的，给予开除党籍处分。

根据《公职人员政务处分法》第四十条的规定，违背社会公序良俗，在公共场所有不当行为，造成不良影响的，予以警告、记过或者记大过；情节较重的，予以降级或者撤职；情节严重的，予以开除。

下篇

警示案例

1. 纪律处分有哪些种类？政务处分有哪些种类？

基本案情

2020年5月，明星仝某在网络直播中自曝“2013年参加高考时用了某些手段，把往届生的身份改成了应届生”，引发网友热烈讨论。网友举报其父任职于山西省临汾市人大常委会，质疑其有失职渎职、公权私用等问题。山西省临汾市纪委监委及时回应群众关切，迅速成立调查组，对仝某的父亲是否参与修改仝某应届生身份一事依规依纪依法进行调查。

经查，2012年，仝某参加高考，未能考中理想学校。由于该学校只招收应届生，为了让仝某第二年继续报考该学校，仝某的父亲请托邻省陕西省延安市有关人员为仝某办理了虚假转学手续。随后，仝某的父亲又请托山西省临汾市有关人员违规批准转学申请，并办理入学手续，使仝某取得了虚假的应届生学籍。

2013年，仝某以伪造的应届生身份参加了某艺术学院、某戏剧学院等学校专业考试，同年6月参加高考并被某戏剧学院录取。此外，仝某的父亲还请托时任山西省临汾市尧都区委组织部副部长赵某、时任该市第二中学副校长段某等人，弄虚作假，为仝某办理了中共预备党员手续。

该案涉及的公职人员均被山西省临汾市纪委监委作出相应处分：(1) 山西省临汾市人大常委会副秘书长、办公室副主任、研究室主任仝某某（仝某的父亲）严重违反组织纪律，伙同他人伪造应届生和党员身份，受到留党察看一年、政务撤职处分；（2）山西省临汾市教育局党组书记、局长李某严重违反政治纪律，对抗组织调查，受到撤销党内职务、政务撤职处分；（3）山西省临汾市尧都区农业农村局党组书记、局长赵某（案件发生时任该区委组织部副部长）受到撤销党内职务、政务撤职处分；（4）山西省临汾市尧都区政协副主席朱某受到政务记大过处分；（5）其他13名公职人员也分别受到严肃处理，其中山西省临汾市教育局总督学苏某等3人涉嫌犯伪造国家机关证件罪被公安机关立案侦查并采取强制措施。

案例分析

《纪律处分条例》第八条对党员的纪律处分明确分为五类：警告、严重警告、撤销党内职务、留党察看、开除党籍。这一规定为违纪党员的处分提供了基本尺度。

根据《纪律处分条例》第十条至第十三条的规定，党员受到警告、严重警告、撤销党内职务、留党察看、开除党籍的，分别会产生以下后果：

（1）党员受到警告处分一年内、受到严重警告处分一年半内，不得在党内提拔职务或者进一步使用，也不得向党外组织推荐担任高于其原任职务的党外职务或者进一步使用。

（2）撤销党内职务处分，是指撤销受处分党员由党内选举或者组织任命的党内职务。对于在党内担任两个以上职务的，党组织在作处分决定时，应当明确是撤销其一切职务还是几个职务。如果决定撤销其一个职务，必须撤销其担任的最高职务。如果决定撤销其两个以上职务，则必须从其担任的最高职务开始依次撤销。对于在党外组织担任职务的，应当建议党外组织撤销其党外职务。对于在立案审查中因涉嫌违犯党纪被免职的党员，审查后依照《纪律处分条例》规定应当给予撤销党内职务处分的，应当按照其原任职务给予撤销党内职务处分。对于应当受到撤销党内职务处分，但是本人没有担任党内职务的，应当给予其严重警告处分。同时，在党外组织担任职务的，应当建议党外组织撤销其党外职务。党员受到撤销党内职务处分，或者依照规定受到严重警告处分的，二年内不得在党内担任和向党外组织推荐担任与其原任职务相当或者高于其原任职务的职务。

（3）留党察看处分，分为留党察看一年、留党察看二年。对于受到留党察看处分一年的党员，期满后仍不符合恢复党员权利条件的，应当延长一年留党察看期限。留党察看期限最长不得超过二年。党员受留党察看处分期间，没有表决权、选举权和被选举权。留党察看期间，确有悔改表现的，期满后恢复其党员权利；坚持不改或者又发现其他应当受到党纪处分的违纪行为的，应当开除党籍。党员受到留党察看处分，其党内职务自然撤销。对于担任党外职务的，应当建议党外组织撤销其党外职务。受到留党察看处分的党员，恢复党员权利后二年内，不得在党内担任和向党外组织推荐担任与其原任职务相当或者高于其原任职务的职务。

（4）开除党籍是党内的最高处分。党员受到开除党籍处分，五年内不得重新入党，也不得推荐担任与其原任职务相当或者高于其原任职务的党外职务。另有规定不准重新入党的，依照规定。

《公职人员政务处分法》第七条将对公职人员的政务处分明确分为六类，包括：警告、记过、记大过、降级、撤职、开除，且分别规定了处分期间。《公职人员政务处分法》第七条规定的政务处分种类与《监察法》保持了一致。以上六类处分中，警告的期间为6个月；记过的期间为12个月；记大过的期间为18个月；降级、撤职的期间为24个月。有两个以上违法行为的，按规定确定政务处分期最长不得超过48个月。

根据《公职人员政务处分法》第十九条至第二十三条的规定，受到政务处分的有关人员在晋升职务、职级、工资待遇等方面会受到一定的限制。在政务处分期内，不得晋升职务、职级等；其中，被记过、记大过、降级、撤职的，不得晋升工资档次、待遇等级。被撤职的，按照规定降低职务、职级、衔级和级别，同时降低工资和待遇。

本案中，16名相关责任人员的身份、职务各不相同，均受到了相应的党纪处分或政务处分，其中3名涉嫌犯罪的公职人员被移送司法机关，还有3人受到政务撤职处分，1人受到政务记大过处分，其在晋升职务、职级、工资待遇等方面也会受到相应的限制。

法条链接

《纪律处分条例》第八条；《公职人员政务处分法》第七条

2. 工作中有形式主义、官僚主义的，应当给予什么处分？[1]

基本案情

贺某，中共党员，某县国有农场主要负责人。2020年2月，该县为防控新冠病毒感染疫情，给各单位配发了电子测温计、消毒物品等防疫物资，要求安排专人对进出人员和车辆逐一进行查证、测温和登记，对公共区域定期进行消杀，并向单位职工及时下发防疫物资。此后，贺某召开会议传达了相关要求，派人领取了防疫物资、制作了进出人员和车辆登记表，并安排2名同志在门岗处值守。贺某认为上述工作已经落实了疫情防控要求，遂不再过问具体落实情况，也未对疫情防控工作实际开展情况进行检查。2月20日晚7时前后，该县纪委监委疫情防控监督检查组在实地检查中发现，该农场存在门岗处值守人员脱岗、未在门岗处配备电子测温计和消毒防疫物品、未按规定对人员和车辆进出情况进行检查登记、带班领导对疫情防控工作要求不了解等问题，随即要求进行整改。2月21日，贺某在未认真核实整改情况也未进行集体研究的情况下，直接签批并向县纪委监委监督检查组报送了《整改报告》，称存在问题已全部整改到位。2月26日下午5时前后，监督检查组再次进行实地检查，发现该农场仍然存在未对出入车辆和人员进行检查登记、电子测温计存放在储藏室、门岗处无人值守等问题，导致

[1] 贺某在新冠肺炎疫情防控工作中搞形式主义、官僚主义问题案，中央纪委国家监委2021年指导性案例第1号，总第1号，载中央纪委国家监委网站。

疫情防控工作存在严重隐患。5月16日，该县纪委经审查，认定贺某作为农场主要负责人，对疫情防控工作仅作一般性安排，未及时督促抓好落实，工作浮在表面、流于形式，造成不良影响和严重隐患，应负主要领导责任，决定给予其党内警告处分。

案例分析

形式主义、官僚主义与党的优良传统、优良作风背道而驰，为广大干部群众所深恶痛绝。习近平总书记多次就坚决整治形式主义、官僚主义问题作出重要指示批示，强调纠正“四风”不能止步，作风建设永远在路上。

工作中，对于已经造成不良影响和严重后果的形式主义、官僚主义问题，《纪律处分条例》和《公职人员政务处分法》均作出了明确的惩戒性规定；对于虽未造成不良影响和严重后果的其他各种形式主义、官僚主义问题，也必须站在讲政治的高度，运用“第一种形态”，做到抓早抓小、防微杜渐。

《纪律处分条例》第一百三十二条规定：“有下列行为之一，造成严重损害或者严重不良影响的，对直接责任者和领导责任者，给予警告或者严重警告处分；情节较重的，给予撤销党内职务或者留党察看处分；情节严重的，给予开除党籍处分：（一）热衷于搞舆论造势、浮在表面；（二）单纯以会议贯彻会议、以文件落实文件，在实际工作中不见诸行动；（三）脱离实际，不作深入调查研究，搞随意决策、机械执行；……”

《公职人员政务处分法》第三十九条规定："有下列行为之一，造成不良后果或者影响的，予以警告、记过或者记大过；情节较重的，予以降级或者撤职；情节严重的，予以开除：……（二）不履行或者不正确履行职责，玩忽职守，贻误工作的；（三）工作中有形式主义、官僚主义行为的；……"

本案中，贺某作为农场主要负责人，虽然召开会议传达了工作要求、领取了防疫物资、制作了登记表并安排了值守人员，但仅仅是以会议落实会议、以文件落实文件，在实际工作中没有见诸行动，防疫物资未按规定保管使用，所谓的登记表、值守人员和防控措施也都是流于形式，是用形式上的"表面文章"代替扎扎实实的落实，造成严重隐患，应认定为形式主义、官僚主义。

法条链接

《纪律处分条例》第一百三十二条；《公职人员政务处分法》第三十九条

3. 违规操办子女婚庆事宜的，应当给予什么处分？[①]

基本案情

夏某，中共党员，某乡副乡长。2020年9月，夏某在其子结婚时，邀请该乡政府5名下属参加婚宴，收受该5名下属所送礼金

① 夏某违规操办其子婚庆事宜案，中央纪委国家监委2021年指导性案例第2号，总第2号。

2.5 万元。经查，夏某与上述5名下属没有礼尚往来。同时，夏某还邀请25名亲属参加婚宴，收取礼金3万元。夏某受到党内严重警告、政务记大过处分，违规收受的礼金2.5万元被收缴。

案例分析

受长期以来形成的历史文化和社会现实等因素影响，在婚丧喜庆之际宴请宾朋，已成为司空见惯的“习惯”和“风气”。实践中，《纪律处分条例》和《公职人员政务处分法》并没有“一刀切”地禁止党员干部操办婚丧喜庆事宜，但一些党员干部利用职权或者职务上的影响违规操办婚丧喜庆事宜。这类行为容易损害党员干部形象，败坏社会风气，必须保持严的主基调，坚持露头就打，对同时存在借机敛财行为的要从重或者加重处分。在认定和处理此类问题时，既要依据相关规定认定是否存在“利用职权或者职务上的影响”和“在社会上造成不良影响”，并依纪依法对违纪违法所得作出精准处置；又要注意把握执纪执法尺度，明确释放“越往后越严”的强烈信号；还要注意参照当地经济发展水平、民众风俗习惯以及单位同事、周边群众的认知和评价等因素，作出综合分析判断。同时，要重视通过党员干部特别是党员领导干部以身作则、率先垂范，在全面实施乡村振兴战略中，在操办婚丧喜庆事宜上切实推进移风易俗、建设文明乡风，不断改善农民精神风貌，提高乡村社会文明程度。

《纪律处分条例》第一百条规定，利用职权或者职务上的影响操办婚丧喜庆事宜，造成不良影响的，给予警告或者严重警告处分；情节严重的，给予撤销党内职务处分；借机敛财或者有其他侵犯国家、集体和人民利益行为的，从重或者加重处分，直至开除党籍。

《公职人员政务处分法》第二十五条第一款规定，公职人员违法取得的财物和用于违法行为的本人财物，除依法应当由其他机关没收、追缴或者责令退赔的，由监察机关没收、追缴或者责令退赔；应当退还原所有人或者原持有人的，依法予以退还；属于国家财产或者不应当退还以及无法退还的，上缴国库。第三十三条第一款规定，利用职权或者职务上的影响为本人或者他人谋取私利的，予以警告、记过或者记大过；情节较重的，予以降级或者撤职；情节严重的，予以开除。

本案中，夏某作为副乡长，邀请与其没有礼尚往来的5名下属参加其子婚宴并收受礼金2.5万元，应当认定为“利用职权或者职务上的影响”操办婚庆事宜。

法条链接

《纪律处分条例》第一百条；《公职人员政务处分法》第二十五条第一款、第三十三条第一款

4. 公款吃喝、违规接受宴请的，应当给予什么处分？①

基本案情

王某，中共党员，某县住房和城乡建设局局长。2021年2月19日晚，王某召集本单位5名干部在该县某酒店聚餐，要求按照人均1000元的标准安排餐饮，所花费的6000元以公车加油费、维护保养费等名目列入该局“三公”经费中予以报销。3月21日晚，王某在该县房地产开发商张某经营的日本料理店接受宴请，享受每人定价1888元的套餐。王某受到党内严重警告处分，被责令退赔公款吃喝费用1000元，被收缴接受可能影响公正执行公务的宴请费用1888元。同时，参加公款吃喝的其他5名干部受到了批评教育，并被责令退赔相关费用5000元。

案例分析

公款吃喝、违规接受宴请等行为除浪费国家资财或者可能影响公正执行公务外，还严重破坏党风政风和社会风气，损害党和政府的形象。实践中，有的党员干部虚列开支公款报销违规吃喝费用，这是典型的违反中央八项规定精神隐形变异问题，性质恶劣，各级纪检监察机关加大惩处力度，将严肃处理违规吃喝问题作为纠“四风”、树新风的重点，扭住不放、露头就打。

---

① 王某组织公款吃喝并违规接受宴请案，中央纪委国家监委2021年指导性案例第3号，总第3号。

《纪律处分条例》第一百零一条规定，接受、提供可能影响公正执行公务的宴请或者旅游、健身、娱乐等活动安排，情节较重的，给予警告或者严重警告处分；情节严重的，给予撤销党内职务或者留党察看处分。第一百一十三条规定，违反有关规定组织、参加用公款支付的宴请、娱乐、健身活动，或者用公款购买赠送或者发放礼品、消费卡（券）等，对直接责任者和领导责任者，情节较轻的，给予警告或者严重警告处分；情节较重的，给予撤销党内职务或者留党察看处分；情节严重的，给予开除党籍处分。

《公职人员政务处分法》第三十四条第二款规定，向公职人员及其特定关系人赠送可能影响公正行使公权力的礼品、礼金、有价证券等财物，或者接受、提供可能影响公正行使公权力的宴请、旅游、健身、娱乐等活动安排，情节较重的，予以警告、记过或者记大过；情节严重的，予以降级或者撤职。第三十五条规定，违反规定公款消费，情节较重的，予以警告、记过或者记大过；情节严重的，予以降级或者撤职。

作风问题本质上是党性问题。贪图享乐、追求奢靡，在不良嗜好上放纵自己是表象，根源在于党性修养缺失，理想信念动摇。党员领导干部要时刻筑牢思想堤坝，绷紧作风之弦，正确处理好公与私、义与利、俭与奢、苦与乐的关系，寸步不让管住享乐欲望，坚决抵制奢靡之风侵蚀。

法条链接

《纪律处分条例》第一百零一条、第一百一十三条；《公职人

员政务处分法》第三十四条第二款、第三十五条

5. 退休后违规接受宴请的，应当给予什么处分？①

基本案情

张某，中共党员，某县生态环境局党组成员、副局长，2018年10月退休。2019年1月以来，张某在春节、端午节、中秋节和生日期间，先后10余次接受该县私营企业主王某、李某、赵某等人（均系张某任生态环境局党组成员、副局长期间的管理服务对象）安排的宴请，并饮用年份茅台酒等高档酒水，食用高档菜肴。2021年3月，张某受到党内警告处分。

案例分析

吃喝问题绝非小事小节，而是关系党在人民群众心目中形象的“大政治”，对退休党员干部也不例外。党的十八大以来，各级纪检监察机关重拳出击，“舌尖上的腐败”得到有效遏制。在持续高压态势下，一些党员领导干部在职期间有所收敛，但在退休后又故态复萌，肆无忌惮接受各种宴请，成为“四风”问题隐形变异的新表现。中央八项规定精神是“长期有效的铁规矩”，党员领导干部无论退休与否，都应该严格遵循党规党纪和中央八项规定精神。

张某虽已退休，但仍具有党员身份，特别是曾经担任过领导职

---

① 张某退休后违规接受宴请案，中央纪委国家监委2021年指导性案例第4号，总第4号。

务，在当地仍具有一定的影响力，更应带头严于律己，严格遵守党的纪律和中央八项规定精神。张某的退休时间在党的十九大之后，中央对于严格落实中央八项规定精神、毫不松懈纠治“四风”的要求已经非常明确，但其仍然不知敬畏，多次接受退休前管理服务对象的宴请。为严肃党的纪律，应将张某的上述行为认定为违反中央八项规定精神。同时，鉴于张某已经退休，不再具有公职人员身份，应适用《纪律处分条例》第一百二十一条（廉洁纪律兜底条款）的规定，并依规依纪收缴其违纪所得。

法条链接

《纪律处分条例》第二十九条、第一百二十一条

6. 违反规定经商的，应当给予什么处分？

基本案情

1984年，重庆市丰都县某罐头食品厂陷入困境，资产负债严重，年仅26岁的丰都县供销社副主任张某某临危受命，带领这家濒临倒闭的国有企业扭亏为盈、走出困境。2003年，张某某当选为县政协副主席，对于组织的信任与期望本应倍加珍惜，但他并不感激和自励，而是不以为然，认为只是解决了级别，有职无权。

心态失衡的张某某看见商人坐豪车、喝好酒、吃大餐，一掷千金的气派让张某某羡慕不已、大为动心，他感觉自己的经商头脑定然优于这些人。此后，张某某分别以儿子、侄孙的名义经商，酒

行、贵金属经营部、养猪场、饲料销售合作社……穿着“马甲”借“壳”经商的张某某却因经营不善而债台高筑。面对各种方式的催债，张某某想到了用单位的公款去偿还个人借款和从事经营活动。案发前，张某某挪用公款169万元。

2018年4月16日，重庆市丰都县纪委监委对张某某依法采取留置措施。23天后，张某某被移送检察院。2018年9月5日，张某某案一审宣判。

案例分析

国家公职人员及配偶、子女及配偶违规经商办企业危害正常社会经济秩序，破坏市场公平竞争机制，损害良好营商环境，且易滋生腐败问题。广大干部要深刻认识违规经商办企业的危害，自觉把好思想“总开关”，坚决不碰党纪法规高压线！

根据《纪律处分条例》第一百零三条的规定，违反有关规定从事营利活动，经商办企业，情节较轻的，给予警告或者严重警告处分；情节较重的，给予撤销党内职务或者留党察看处分；情节严重的，给予开除党籍处分。

根据《公职人员政务处分法》第三十六条的规定，违反规定从事或者参与营利性活动，或者违反规定兼任职务、领取报酬的，予以警告、记过或者记大过；情节较重的，予以降级或者撤职；情节严重的，予以开除。

本案中，张某某任职县政协副主席期间，借亲属的名义经商办企业，经营不善后又挪用公款偿还个人债务以及从事经营活动，违反了《纪律处分条例》《公职人员政务处分法》的有关规定。张某某的行为还触犯了《刑法》第三百八十四条规定的挪用公款罪，根据《公职人员政务处分法》第十四条的规定，公职人员因故意犯罪被判处管制、拘役或者有期徒刑以上刑罚（含宣告缓刑）的，予以开除。张某某身为公职人员，没有把清正廉洁的义务牢记于心，自认为是官场上的商业奇才而一步步走上违法犯罪的道路，既要受到刑罚处罚，也要受到相应的党纪处分和政务处分。

法条链接

《纪律处分条例》第一百零三条、第一百零七条、第一百零八条；《国有企业领导人员廉洁从业若干规定》第五条、第六条；《事业单位工作人员处分规定》第十九条；《公职人员政务处分法》第二条、第十四条、第三十六条；《监察法》第十五条

7. 基层群众性自治组织中从事管理的人员贪腐的，应当给予什么处分？①

基本案情

崔某，中共党员，某乡某村原党支部书记、村民委员会主任。2019 年 3 月至 2020 年 9 月，崔某在协助县、乡人民政府发放本村

① 崔某骗领财政惠民惠农补贴资金案，中央纪委国家监委 2021 年指导性案例第 6 号，总第 6 号。

财政惠民惠农补贴资金中的退耕还林还草直补退耕农户资金的过程中，以其女儿的名义，弄虚作假，编造退耕还林还草亩数，骗领财政补贴资金8000元并据为已有。同时，崔某在担任村党支部书记、村民委员会主任期间，借逢年过节之机，收受3名村集体经济合作社成员礼金1.2万元。2021年6月，崔某受到撤销党内职务处分，对其违纪违法所得2万元予以收缴；建议乡人民政府责令其辞去该村村民委员会主任职务，拒不辞职的，依法罢免其村民委员会主任职务，停止发放其补贴、奖金。2021年7月，崔某辞去了该村村民委员会主任职务。

案例分析

群众身边腐败和不正之风，严重破坏党和政府在群众心目中的形象，蚕食群众获得感幸福感，侵蚀党心民心。习近平总书记在十九届中央纪委五次全会上明确指出，“要持续整治群众身边腐败和作风问题，让群众在反腐‘拍蝇’中增强获得感”、要“紧盯扶贫环保等领域腐败和不正之风，解决好群众的‘急难愁盼’问题，让人民群众感受到公平正义”。执纪执法工作中，对于基层群众性自治组织中从事管理的人员的贪腐问题，纪检监察机关应严格依规依纪依法予以整治处理，坚决纠正漠视和侵害群众利益的问题，注重党纪和政务处分精准匹配，确保执纪执法综合效果。

《纪律处分条例》第三十条第一款规定，党组织在纪律审查中发现党员有刑法规定的行为，虽不构成犯罪但须追究党纪责任的，或者有其他破坏社会主义市场经济秩序、违反治安管理等违法行为，损害党、国家和人民利益的，应当视具体情节给予警告直至开除党籍处分。第一百二十四条规定，在社会保障、社会救助、政策扶持、救灾救济款物分配等事项中优亲厚友、明显有失公平的，给予警告或者严重警告处分；情节较重的，给予撤销党内职务或者留党察看处分；情节严重的，给予开除党籍处分。

根据《公职人员政务处分法》第二条、《监察法》第十五条的规定，崔某属于第五类监察对象：基层群众性自治组织中从事管理的人员。作为监察对象的基层群众性自治组织中从事管理的人员，包括村民委员会、居民委员会的主任、副主任和委员，以及其他受委托从事管理的人员。

崔某作为基层群众性自治组织中从事管理的人员，利用其协助县、乡人民政府从事相关行政管理工作的职务便利，以其女儿的名义骗领财政惠民惠农补贴资金并据为己有，该行为的最终受益人是崔某自己。因此，崔某的行为构成贪污，属于职务违法。崔某的上述行为虽未达到刑事追诉标准，但本质上属于刑法规定的贪污行为，应当追究其纪律责任和监察责任，予以严肃处理。因此，依照《村民委员会组织法》《农村基层干部廉洁履行职责若干规定（试行）》等规定，建议乡人民政府责令其辞去该村村民委员会主任职务，拒不辞职的，依法予以罢免；同时，由乡人民政府明确其不再享受补贴、奖金，以增强惩戒效果。

法条链接

《纪律处分条例》第三十条第一款、第一百二十四条；《公职人员政务处分法》第二条、第三十三条；《监察法》第十五条；《农村基层干部廉洁履行职责若干规定（试行）》第二十一条至第二十四条

8. 公车私用、私车公养的，应当给予什么处分？①

基本案情

沈某，中共党员，某市委组织部常务副部长（正县级）。2018年12月至2020年8月，沈某在已领取公务交通补贴的情况下，先后多次要求司机驾驶公车接送其打网球、接送其在外省上大学的女儿往返学校与家中等。2020年1月至2021年3月，沈某利用单位公务加油卡未绑定公车的漏洞，借驾驶公车开展公务之机，多次使用公务加油卡为其2辆私车加油，累计花费5500元。2021年8月，沈某受到党内严重警告和政务降级处分，违纪违法所得5500元予以追缴并返还该市委组织部；同时，给予其调整职务处理。

案例分析

随着公车改革的深入推进，各地公车管理制度不断规范，“公

① 沈某公车私用、私车公养案，中央纪委国家监委2021年指导性案例第7号，总第7号。

车私用”问题得到了有力遏制，但“私车公养”问题开始抬头。“私车公养”问题通常涉案金额不大，但本质是化公为私、贪污侵占的腐败问题，与“公车私用”不同，已经由风变腐。实践中，“私车公养”问题存在多种表现形式，如“私油公供”“私车公修”“私票公报”等，每种表现形式又分化出多种不同的违纪违法手段。如“私油公供”可表现为利用管理和使用公车的职务便利，使用公务加油卡为本人的私车加油，或者加完油后以公车的名义在本单位报销，也可表现为将本人使用私车所产生的油费交由下属单位支付、报销等。

《纪律处分条例》第一百一十七条规定，违反有关规定配备、购买、更换、装饰、使用公务交通工具或者有其他违反公务交通工具管理规定的行为，对直接责任者和领导责任者，情节较重的，给予警告或者严重警告处分；情节严重的，给予撤销党内职务或者留党察看处分。

根据《公职人员政务处分法》第三十五条的规定，违反规定，在公务交通方面超标准、超范围，情节较重的，予以警告、记过或者记大过；情节严重的，予以降级或者撤职。

“公车私用”违反了中央八项规定精神，应当依照《纪律处分条例》《公职人员政务处分法》的相关规定予以处理。“私车公养”行为本质上已不属于作风问题，而是将公款据为己有的贪污侵占、化公为私的腐败行为。对于“私车公养”所涉金额尚未达到刑事追诉标准的，应当依照《纪律处分条例》第三十条第一款、《公职人员政务处分法》第三十三条第一款的规定，追究其纪律责任和监察责任；所涉金额已达到刑事追诉标准，涉嫌职务犯罪的，在追究其纪律责任和监察责任的同时，还应当移送司法机关追究其刑事责任。

法条链接

《纪律处分条例》第三十条第一款、第一百一十七条；《公职人员政务处分法》第三十三条第一款、第三十五条

9. 使用“空白公函”报销的，应当给予什么处分？[①]

基本案情

姚某，中共党员，A省B市文化市场综合执法支队党总支书记、支队长。2020年12月至2021年3月，姚某等人5次参加该支队组织的超标准公务接待，饮用高档酒水，且每次公务接待均提供高档香烟，共计超标准支出25590元。事后，为处理超标准公务接待费用，经姚某同意，该支队向外单位索要多份“空白公函”，虚构接待事项，将上述费用25590元在本单位报销。2021年7月，姚某使用“空白公函”虚列接待事由和人数，将其私人用餐费用共计4327元在本单位报销。2022年4月，姚某受到党内严重警告、政务记大过处分，违纪违法所得4327元予以责令退赔。同时，责令

① 姚某使用“空白公函”报销案，中央纪委国家监委2022年指导性案例第1号，总第8号。

提供和接受超标准公务接待的姚某等人，按照各自应承担的份额，分别退赔违纪所得共计25590元。

案例分析

党的十八大以来，以习近平同志为核心的党中央推进全面从严治党从落实中央八项规定精神破题，党风政风为之焕然一新。纪检监察机关紧盯公款吃喝等突出问题，“舌尖上的腐败”得到有效整肃，但使用“空白公函”“虚假公函”搞违规吃喝，以及“一函多吃”等隐形变异问题开始抬头。使用“空白公函”报销个人费用的行为，本质上是化公为私、贪污侵占的腐败问题，已经由风变腐，必须下大气力予以整治。对于此类违纪问题，要做到从政治上看、从政治上抓，深刻认识到不正之风和腐败问题互为表里、同根同源，不正之风滋生掩藏腐败，腐败行为助长加剧不正之风，甚至催生新的作风问题，坚持正风肃纪不可分割，坚持严的主基调不动摇，以反复抓、抓反复的坚韧和执着，切实做到匡正风气、严肃党纪。

《纪律处分条例》第三十条第一款规定，党组织在纪律审查中发现党员有刑法规定的行为，虽不构成犯罪但须追究党纪责任的，或者有其他破坏社会主义市场经济秩序、违反治安管理等违法行为，损害党、国家和人民利益的，应当视具体情节给予警告直至开除党籍处分。

根据《公职人员政务处分法》第三十三条第一款的规定，贪污贿赂的，予以警告、记过或者记大过；情节较重的，予以降级或者撤职；情节严重的，予以开除。

姚某作为本单位主要负责人，利用职务上的便利非法占有公共财物，已经构成贪污，属于职务违法。姚某作为本单位主要负责人，明知私人用餐费用应由个人承担，仍以非法占有公共财物为目的，利用其担任“一把手”职务上的便利，使用“空白公函”在本单位报销私人用餐费用4327元。姚某的上述行为，不仅侵害了公共财物所有权，也侵害了公职人员的职务廉洁性，其行为本质是化公为私、贪污侵占的腐败问题，已经由风变腐，应予严肃处理。鉴于其贪腐行为尚未达到刑事追诉标准，应当依照《纪律处分条例》《公职人员政务处分法》的相关规定，追究其纪律责任和监察责任。

法条链接

《纪律处分条例》第三十条第一款；《财政违法行为处罚处分条例》第六条；《党政机关厉行节约反对浪费条例》第二十条、第五十八条、第六十条、第六十一条；《公职人员政务处分法》第三十三条第一款

10. 违规摊派的，应当给予什么处分?①

基本案情

吴某，中共党员，某乡党委副书记、乡长。2015年至2020年8月，吴某以支持乡政府开展工作为由，多次要求辖区内的多家私营企业、个体工商户出资购买桌椅、打印机等办公用品，“捐赠”给乡政府使用，折合共计22.4万元。2021年8月，吴某受到党内严重警告、政务降级处分。

案例分析

基层“微腐败”发生在群众身边，群众所受侵害最直接，反映也最强烈。随着党风廉政建设和反腐败斗争的持续深入推进，群众身边腐败和不正之风得到有效遏制，但滋生“微腐败”的土壤尚未彻底铲除，损害群众利益问题仍时有发生。要把严的主基调长期坚持下去，把解决群众身边腐败和不正之风摆在更加突出位置。要顺应群众所思所盼，聚焦群众所急所忧，持续整治乱收费、乱罚款、乱摊派等与民争利、扰民渔利、侵害企业合法权益的突出问题，以实际行动维护群众利益，增强人民群众的获得感、幸福感、安全感，让人民群众感受到正风肃纪反腐就在身边。

根据《纪律处分条例》第一百二十二条的规定，有侵害群众利

① 吴某违规摊派案，中央纪委国家监委2022年指导性案例第2号，总第9号。

益行为的，对直接责任者和领导责任者，情节较轻的，给予警告或者严重警告处分；情节较重的，给予撤销党内职务或者留党察看处分；情节严重的，给予开除党籍处分。

根据《公职人员政务处分法》第三十八条的规定，违反规定向管理服务对象收取、摊派财物，情节较重的，予以警告、记过或者记大过；情节严重的，予以降级或者撤职。

本案中，吴某作为乡政府主要负责人，要求辖区内私营企业、个体工商户向乡政府“捐赠”办公用品，吴某的行为本质上是将服务群众的义务当作管理群众的特权，将本应由单位承担的费用转移到群众身上，增加了群众负担，应当认定为违规摊派，属于违反群众纪律，吴某对此负有直接责任。吴某的违规摊派行为损害了群众利益，败坏了党和政府的形象，侵蚀了党的执政基础，属于违反群众纪律，应当依照《纪律处分条例》《公职人员政务处分法》的相关规定予以严肃处理。同时，对于违规摊派获取的财物，应由乡政府按原价退赔有关私营企业、个体工商户。

法条链接

《纪律处分条例》第一百二十二条；《公职人员政务处分法》第三十八条

11. 对抗组织审查的，应当给予什么处分？[①]

基本案情

徐某，中共党员，A省交通运输厅原党组成员、副厅长。2020年10月，徐某接受私营企业主陈某请托，利用职务上的便利为陈某在A省承接道路工程项目提供帮助，收受陈某现金20万元。2021年3月，A省纪委监委接到反映徐某在工程领域以权谋私的匿名举报，经研判认为举报信反映的问题线索较为笼统，可查性不强，决定对徐某进行函询。徐某随即与陈某串供，统一口径声称上述20万元系借款，并伪造了借据、收条，制造了借款、还款假象。此后，徐某在给A省纪委监委的书面回复中，自称因儿子生病住院急需用钱，曾向承接A省道路工程项目的私营企业主陈某借款20万元，已经归还，但并未利用职权帮助陈某承接工程，也没有任何以权谋私的行为，同时主动表示向管理服务对象借款确有不妥，愿意承认错误、接受处理。A省纪委监委收到函询回复后，认为徐某问题较为轻微，对其予以批评教育。2022年1月，A省纪委监委接到反映徐某收受陈某贿赂的信访举报，初步核实后对徐某涉嫌违纪违法问题立案审查调查，查明其收受陈某20万元贿赂的事实。同年5月，徐某受到开除党籍、开除公职处分，其涉嫌受贿犯罪问题被移送检察机关依法审查起诉。

① 徐某对抗组织审查案，中央纪委国家监委2022年指导性案例第3号，总第10号。

案例分析

对党忠诚是共产党人首要的政治品质。忠诚是纯粹的、无条件的，党员在任何时候都要做到对党忠诚老实，特别是在犯错误后，更应当相信组织、依靠组织，认真反省检讨，积极配合组织查清事实，决不能欺骗组织、对抗审查，妄图以此逃避处理。

根据《纪律处分条例》第六十三条的规定，对抗组织审查的，给予警告或者严重警告处分；情节较重的，给予撤销党内职务或者留党察看处分；情节严重的，给予开除党籍处分。

根据《公职人员政务处分法》第十三条的规定，公职人员串供或者伪造、隐匿、毁灭证据的，应当从重给予政务处分。根据该法第六十二条的规定，有关机关、单位、组织或者人员拒不配合或者阻碍调查的，由其上级机关，主管部门，任免机关、单位或者监察机关责令改正，依法给予处理。

根据《监察法》第六十三条的规定，有关人员违反本法规定，提供虚假情况，掩盖事实真相，串供或者伪造证据的，由其所在单位、主管部门、上级机关或者监察机关责令改正，依法给予处理。

本案中，徐某不如实回复组织函询和串供、伪造证据的行为，均基于对抗审查、逃避处理的同一个主观故意，应当一并认定为违反政治纪律，并依照《纪律处分条例》第六十三条的规定予以处理。对抗组织审查行为的关键特征是“对抗性”，本质上反映的是党员对组织不忠诚不老实的政治问题。本案中，徐某为掩盖受贿问题，在与他人串供、伪造证据后才回复函询，明显具有欺骗组织、逃避惩处的主观动机，其行为的“对抗性”特征十分典型，应当认定为违反政治纪律。

法条链接

《纪律处分条例》第六十三条；《公职人员政务处分法》第十三条、第六十二条；《监察法》第六十三条

12. 退休后利用原职权或者职务影响谋利的，应当给予什么处分？

基本案情

蔡某某，2005 年 12 月任原中国银行业监督管理委员会党委委员、副主席，2013 年 6 月退休。2021 年 7 月，蔡某某接受审查调查，此时距离其退休已有 8 年时间。

2006 年至 2021 年，被告人蔡某某利用担任原中国银行业监督管理委员会党委委员、副主席等职务上的便利以及职权或者地位形成的便利条件，为相关单位和个人在融资贷款、业务承揽、职务提任等事项上提供帮助，直接或者通过他人非法收受财物，共计折合人民币 4.07 亿余元。

2018 年至 2021 年，蔡某某利用曾任原中国银行业监督管理委员会党委委员、副主席的职权或者地位形成的便利条件，通过其他国家工作人员职务上的行为，为相关单位和个人在股权转让、融资

贷款、工作调整等事项上提供帮助，直接或者通过他人非法收受财物，共计折合人民币1.1亿余元。

2010年至2013年，蔡某某在担任原中国银行业监督管理委员会党委委员、副主席期间，违反法律法规和相关规定，在履行监管职责过程中徇私舞弊，滥用职权，致使公共财产、国家和人民利益遭受重大损失，情节特别严重。

2023年12月29日，江苏省镇江市中院公开宣判蔡某某受贿、利用影响力受贿、滥用职权一案，蔡某某犯受贿罪、利用影响力受贿罪、滥用职权罪，被判死缓，剥夺政治权利终身，并处没收个人全部财产，在其死刑缓期执行二年期满依法减为无期徒刑后，终身监禁，不得减刑、假释。

案例分析

蔡某某目无法纪，“退而不休”，顶风作案，利用职务便利和影响力为他人在融资贷款、项目承揽、职务晋升等方面谋利，并非法收受巨额财物。蔡某某严重违反党的政治纪律、组织纪律、廉洁纪律、工作纪律和生活纪律，构成严重职务违法并涉嫌受贿、利用影响力受贿、滥用职权犯罪，且在党的十八大后不收敛不收手不知止，性质严重，影响恶劣，应予严肃处理。依据《纪律处分条例》《监察法》《公职人员政务处分法》等有关规定，给予蔡某某开除党籍处分；按规定取消其享受的待遇；收缴其违纪违法所得；将其涉嫌犯罪问题移送检察机关依法审查起诉，所涉财物一并移送。

《纪律处分条例》第一百零六条规定，离职或者退（离）休后利用原职权或者职务上的影响，为配偶、子女及其配偶等亲属和其他特定关系人从事经营活动谋取利益，情节较轻的，给予警告或者严重警告处分；情节较重的，给予撤销党内职务或者留党察看处分；情节严重的，给予开除党籍处分。离职或者退（离）休后利用原职权或者职务上的影响为他人谋取利益，本人的配偶、子女及其配偶等亲属和其他特定关系人收受对方财物，情节较重的，给予警告或者严重警告处分；情节严重的，给予撤销党内职务、留党察看或者开除党籍处分。

清正廉洁是中国共产党人的政治本色，党员干部不管是在职还是离岗，都受党的纪律约束。有的党员干部退而不休搞贪腐，或者利用在职时形成的影响力为他人谋利。《纪律处分条例》强化对党员的全周期管理，把从严管理干部贯彻落实到干部队伍建设全过程。2023 年修订的《纪律处分条例》新增第一百零六条，完善了对离职或者退休党员干部违规从业、利用原职权或者职务影响为亲友谋利行为的处分规定，进一步增强离岗党员的党性观念和党纪意识，做到离岗不离党、退休不褪色。

法条链接

《纪律处分条例》第一百零六条

附　录

中国共产党纪律处分条例

（2003年12月23日中共中央政治局会议审议批准　2003年12月31日中共中央发布　2023年12月8日中共中央政治局会议第三次修订　2023年12月19日中共中央发布）

第一编　总　　则

第一章　总体要求和适用范围

第一条　【制定目的】[①]为了维护党章和其他党内法规，严肃党的纪律，纯洁党的组织，保障党员民主权利，教育党员遵纪守法，维护党的团结统一，保证党的理论、路线、方针、政策、决议和国家法律法规的贯彻执行，根据《中国共产党章程》，制定本条例。

第二条　【指导思想】党的纪律建设必须坚持以马克思列宁主义、毛泽东思想、邓小平理论、“三个代表”重要思想、科学发展观、习近平新时代中国特色社会主义思想为指导，坚持和加强党的全面领导，坚决维护习近平总书记党中央的核心、全党的核心地

---

① 本书中的条文主旨均为编者所加，仅供读者参考检索。

位，坚决维护以习近平同志为核心的党中央权威和集中统一领导，弘扬伟大建党精神，坚持自我革命，贯彻全面从严治党战略方针，落实新时代党的建设总要求，推动解决大党独有难题、健全全面从严治党体系，全面加强党的纪律建设，为以中国式现代化全面推进强国建设、民族复兴伟业提供坚强纪律保障。

第三条　【遵守党章党纪】党章是最根本的党内法规，是管党治党的总规矩。党的纪律是党的各级组织和全体党员必须遵守的行为规则。党组织和党员必须坚守初心使命，牢固树立政治意识、大局意识、核心意识、看齐意识，始终坚定道路自信、理论自信、制度自信、文化自信，切实践行正确的权力观、政绩观、事业观，自觉遵守和维护党章，严格执行和维护党的纪律，自觉接受党的纪律约束，模范遵守国家法律法规。

第四条　【党的纪律处分工作的原则】党的纪律处分工作遵循下列原则：

（一）坚持党要管党、全面从严治党。把严的基调、严的措施、严的氛围长期坚持下去，加强对党的各级组织和全体党员的教育、管理和监督，把纪律挺在前面，抓早抓小、防微杜渐。

（二）党纪面前一律平等。对违犯党纪的党组织和党员必须严肃、公正执行纪律，党内不允许有任何不受纪律约束的党组织和党员。

（三）实事求是。对党组织和党员违犯党纪的行为，应当以事实为依据，以党章、其他党内法规和国家法律法规为准绳，执纪执法贯通，准确认定行为性质，区别不同情况，恰当予以处理。

（四）民主集中制。实施党纪处分，应当按照规定程序经党组织集体讨论决定，不允许任何个人或者少数人擅自决定和批准。上级党组织对违犯党纪的党组织和党员作出的处理决定，下级党组织必须执行。

（五）惩前毖后、治病救人。处理违犯党纪的党组织和党员，应当实行惩戒与教育相结合，做到宽严相济。

第五条　【监督执纪的四种形态】深化运用监督执纪“四种形态”，经常开展批评和自我批评，及时进行谈话提醒、批评教育、责令检查、诫勉，让“红红脸、出出汗”成为常态；党纪轻处分、组织调整成为违纪处理的大多数；党纪重处分、重大职务调整的成为少数；严重违纪涉嫌犯罪追究刑事责任的成为极少数。

第六条　【适用范围】本条例适用于违犯党纪应当受到党纪责任追究的党组织和党员。

第二章　违纪与纪律处分

第七条　【违纪必究及重点查处的问题】党组织和党员违反党章和其他党内法规，违反国家法律法规，违反党和国家政策，违反社会主义道德，危害党、国家和人民利益的行为，依照规定应当给予纪律处理或者处分的，都必须受到追究。

重点查处党的十八大以来不收敛、不收手，问题线索反映集中、群众反映强烈，政治问题和经济问题交织的腐败案件，违反中央八项规定精神的问题。

第八条 【对党员的纪律处分种类】 对党员的纪律处分种类：

（一）警告；

（二）严重警告；

（三）撤销党内职务；

（四）留党察看；

（五）开除党籍。

第九条 【对党组织的纪律处分】 对于违犯党纪的党组织，上级党组织应当责令其作出书面检查或者给予通报批评。对于严重违犯党纪、本身又不能纠正的党组织，上一级党的委员会在查明核实后，根据情节严重的程度，可以予以：

（一）改组；

（二）解散。

第十条 【警告和严重警告】 党员受到警告处分一年内、受到严重警告处分一年半内，不得在党内提拔职务或者进一步使用，也不得向党外组织推荐担任高于其原任职务的党外职务或者进一步使用。

第十一条 【撤销党内职务、党外职务】 撤销党内职务处分，是指撤销受处分党员由党内选举或者组织任命的党内职务。对于在党内担任两个以上职务的，党组织在作处分决定时，应当明确是撤销其一切职务还是一个或者几个职务。如果决定撤销其一个职务，必须撤销其担任的最高职务。如果决定撤销其两个以上职务，则必须从其担任的最高职务开始依次撤销。对于在党外组织担任职务的，应当建议党外组织撤销其党外职务。

对于在立案审查中因涉嫌违犯党纪被免职的党员，审查后依照本条例规定应当给予撤销党内职务处分的，应当按照其原任职务给予撤销党内职务处分。对于应当受到撤销党内职务处分，但是本人没有担任党内职务的，应当给予其严重警告处分。同时，在党外组织担任职务的，应当建议党外组织撤销其党外职务。

党员受到撤销党内职务处分，或者依照前款规定受到严重警告处分的，二年内不得在党内担任和向党外组织推荐担任与其原任职务相当或者高于其原任职务的职务。

第十二条　【留党察看】留党察看处分，分为留党察看一年、留党察看二年。对于受到留党察看处分一年的党员，期满后仍不符合恢复党员权利条件的，应当延长一年留党察看期限。留党察看期限最长不得超过二年。

党员受留党察看处分期间，没有表决权、选举权和被选举权。留党察看期间，确有悔改表现的，期满后恢复其党员权利；坚持不改或者又发现其他应当受到党纪处分的违纪行为的，应当开除党籍。

党员受到留党察看处分，其党内职务自然撤销。对于担任党外职务的，应当建议党外组织撤销其党外职务。受到留党察看处分的党员，恢复党员权利后二年内，不得在党内担任和向党外组织推荐担任与其原任职务相当或者高于其原任职务的职务。

第十三条 【开除党籍】党员受到开除党籍处分，五年内不得重新入党，也不得推荐担任与其原任职务相当或者高于其原任职务的党外职务。另有规定不准重新入党的，依照规定。

第十四条 【组织处理与终止党代表资格】党员干部受到党纪处分，需要同时进行组织处理的，党组织应当按照规定给予组织处理。

党的各级代表大会的代表受到留党察看以上处分的，党组织应当终止其代表资格。

第十五条 【党组织改组的领导机构成员均免职】对于受到改组处理的党组织领导机构成员，除应当受到撤销党内职务以上处分的外，均自然免职。

第十六条 【党组织解散的应逐个审查党员】对于受到解散处理的党组织中的党员，应当逐个审查。其中，符合党员条件的，应当重新登记，并参加新的组织过党的生活；不符合党员条件的，应当对其进行教育、限期改正，经教育仍无转变的，予以劝退或者除名；有违纪行为的，依照规定予以追究。

第三章 纪律处分运用规则

第十七条 【从轻或者减轻处分的情形】有下列情形之一的，可以从轻或者减轻处分：

（一）主动交代本人应当受到党纪处分的问题；

（二）在组织谈话函询、初步核实、立案审查过程中，能够配合核实审查工作，如实说明本人违纪违法事实；

（三）检举同案人或者其他人应当受到党纪处分或者法律追究的问题，经查证属实，或者有其他立功表现；

（四）主动挽回损失、消除不良影响或者有效阻止危害结果发生；

（五）主动上交或者退赔违纪所得；

（六）党内法规规定的其他从轻或者减轻处分情形。

第十八条　【中央纪委特批减轻处分】根据案件的特殊情况，由中央纪委决定或者经省（部）级纪委（不含副省级市纪委）决定并呈报中央纪委批准，对违纪党员也可以在本条例规定的处分幅度以外减轻处分。

第十九条　【免予处分、不予党纪处分、不追究党纪责任】对于党员违犯党纪应当给予警告或者严重警告处分，但是具有本条例第十七条规定的情形之一或者本条例分则中另有规定的，可以给予批评教育、责令检查、诫勉或者组织处理，免予党纪处分。对违纪党员免予处分，应当作出书面结论。

党员有作风纪律方面的苗头性、倾向性问题或者违犯党纪情节轻微的，可以给予谈话提醒、批评教育、责令检查等，或者予以诫勉，不予党纪处分。

党员行为虽然造成损失或者后果，但不是出于故意或者过失，而是由于不可抗力等原因所引起的，不追究党纪责任。

第二十条　【从重或者加重处分的情形】有下列情形之一的，

应当从重或者加重处分：

（一）强迫、唆使他人违纪；

（二）拒不上交或者退赔违纪所得；

（三）违纪受处分后又因故意违纪应当受到党纪处分；

（四）违纪受处分后，又被发现其受处分前没有交代的其他应当受到党纪处分的问题；

（五）党内法规规定的其他从重或者加重处分情形。

第二十一条　【影响期的计算】 党员在党纪处分影响期内又受到党纪处分的，其影响期为原处分尚未执行的影响期与新处分影响期之和。

第二十二条　【从轻处分与从重处分的含义】 从轻处分，是指在本条例规定的违纪行为应当受到的处分幅度以内，给予较轻的处分。

从重处分，是指在本条例规定的违纪行为应当受到的处分幅度以内，给予较重的处分。

第二十三条　【减轻处分与加重处分的含义】 减轻处分，是指在本条例规定的违纪行为应当受到的处分幅度以外，减轻一档给予处分。

加重处分，是指在本条例规定的违纪行为应当受到的处分幅度以外，加重一档给予处分。

本条例规定的只有开除党籍处分一个档次的违纪行为，不适用第一款减轻处分的规定。

第二十四条　【一人有两种以上违纪行为的合并处理】一人有本条例规定的两种以上应当受到党纪处分的违纪行为，应当合并处理，按其数种违纪行为中应当受到的最高处分加重一档给予处分；其中一种违纪行为应当受到开除党籍处分的，应当给予开除党籍处分。

第二十五条　【一个行为触犯两个以上条款的处理】一个违纪行为同时触犯本条例两个以上条款的，依照处分较重的条款定性处理。

一个条款规定的违纪构成要件全部包含在另一个条款规定的违纪构成要件中，特别规定与一般规定不一致的，适用特别规定。

第二十六条　【两人以上共同故意违纪的处理】二人以上共同故意违纪的，对为首者，从重处分，本条例另有规定的除外；对其他成员，按照其在共同违纪中所起的作用和应负的责任，分别给予处分。

对于经济方面共同违纪的，按照个人参与数额及其所起作用，分别给予处分。对共同违纪的为首者，情节严重的，按照共同违纪的总数额处分。

教唆他人违纪的，应当按照其在共同违纪中所起的作用追究党纪责任。

第二十七条　【党组织领导机构集体违纪的处理】党组织领导机构集体作出违犯党纪的决定或者实施其他违犯党纪的行为，对具有共同故意的成员，按共同违纪处理；对过失违纪的成员，按照各自在集体违纪中所起的作用和应负的责任分别给予处分。

第四章 对违法犯罪党员的纪律处分

第二十八条 【违法犯罪党员的党纪处分】对违法犯罪的党员，应当按照规定给予党纪处分，做到适用纪律和适用法律有机融合，党纪政务等处分相匹配。

第二十九条 【对涉嫌犯罪的党员的党纪处分】党组织在纪律审查中发现党员有贪污贿赂、滥用职权、玩忽职守、权力寻租、利益输送、徇私舞弊、浪费国家资财等违反法律涉嫌犯罪行为的，应当给予撤销党内职务、留党察看或者开除党籍处分。

第三十条 【对不涉及犯罪但须追究党纪责任的党员的党纪处分】党组织在纪律审查中发现党员有刑法规定的行为，虽不构成犯罪但须追究党纪责任的，或者有其他破坏社会主义市场经济秩序、违反治安管理等违法行为，损害党、国家和人民利益的，应当视具体情节给予警告直至开除党籍处分。

违反国家财经纪律，在公共资金收支、税务管理、国有资产管理、政府采购管理、金融管理、财务会计管理等财经活动中有违法行为的，依照前款规定处理。

党员有嫖娼或者吸食、注射毒品等丧失党员条件，严重败坏党的形象行为的，应当给予开除党籍处分。

第三十一条 【对违法犯罪党员的处理程序】党组织在纪律审查中发现党员严重违纪涉嫌违法犯罪的，原则上先作出党纪处分决定，并按照规定由监察机关给予政务处分或者由任免机关（单位）给予处分后，再移送有关国家机关依法处理。

第三十二条　【对被留置、逮捕党员的处理】党员被依法留置、逮捕的，党组织应当按照管理权限中止其表决权、选举权和被选举权等党员权利。根据监察机关、司法机关处理结果，可以恢复其党员权利的，应当及时予以恢复。

第三十三条　【对犯罪情节轻微的党员的处理】党员犯罪情节轻微，人民检察院依法作出不起诉决定的，或者人民法院依法作出有罪判决并免予刑事处罚的，应当给予撤销党内职务、留党察看或者开除党籍处分。

党员犯罪，被单处罚金的，依照前款规定处理。

第三十四条　【因犯罪开除党籍的情形】党员犯罪，有下列情形之一的，应当给予开除党籍处分：

（一）因故意犯罪被依法判处刑法规定的主刑（含宣告缓刑）；

（二）被单处或者附加剥夺政治权利；

（三）因过失犯罪，被依法判处三年以上（不含三年）有期徒刑。

因过失犯罪被判处三年以下有期徒刑或者被判处管制、拘役的，一般应当开除党籍。对于个别可以不开除党籍的，应当对照处分违纪党员批准权限的规定，报请再上一级党组织批准。

第三十五条　【对受到刑事、行政或党纪处分的党员的处理】党员依法受到刑事责任追究的，党组织应当根据司法机关的生效判决、裁定、决定及其认定的事实、性质和情节，依照本条例规定给予党纪处分，是公职人员的由监察机关给予相应政务处分或者由任免机关（单位）给予相应处分。

党员依法受到政务处分、任免机关（单位）给予的处分、行政处罚，应当追究党纪责任的，党组织可以根据生效的处分、行政处罚决定认定的事实、性质和情节，经核实后依照规定给予相应党纪处分或者组织处理。其中，党员依法受到撤职以上处分的，应当依照本条例规定给予撤销党内职务以上处分。

党员违反国家法律法规、企事业单位或者其他社会组织的规章制度受到其他处分，应当追究党纪责任的，党组织在对有关方面认定的事实、性质和情节进行核实后，依照规定给予相应党纪处分或者组织处理。

党组织作出党纪处分或者组织处理决定后，监察机关、司法机关、行政机关等依法改变原生效判决、裁定、决定等，对原党纪处分或者组织处理决定产生影响的，党组织应当根据改变后的生效判决、裁定、决定等重新作出相应处理。

第五章　其他规定

第三十六条　【对预备党员违纪的处理】 预备党员违犯党纪，情节较轻，可以保留预备党员资格的，党组织应当对其批评教育或者延长预备期；情节较重的，应当取消其预备党员资格。

第三十七条　【对违纪后下落不明党员的处理】 对违纪后下落

不明的党员，应当区别情况作出处理：

（一）对有严重违纪行为，应当给予开除党籍处分的，党组织应当作出决定，开除其党籍；

（二）除前项规定的情况外，下落不明时间超过六个月的，党组织应当按照党章规定对其予以除名。

第三十八条　【对受处分前死亡的违纪党员的处理】违纪党员在党组织作出处分决定前死亡，或者在死亡之后发现其曾有严重违纪行为，对于应当给予开除党籍处分的，开除其党籍；对于应当给予留党察看以下处分的，作出违犯党纪的书面结论和相应处理。

第三十九条　【违纪行为有关责任人员的区分】违纪行为有关责任人员的区分：

（一）直接责任者，是指在其职责范围内，不履行或者不正确履行自己的职责，对造成的损失或者后果起决定性作用的党员或者党员领导干部；

（二）主要领导责任者，是指在其职责范围内，对主管的工作不履行或者不正确履行职责，对造成的损失或者后果负直接领导责任的党员领导干部；

（三）重要领导责任者，是指在其职责范围内，对应管的工作或者参与决定的工作不履行或者不正确履行职责，对造成的损失或者后果负次要领导责任的党员领导干部。

本条例所称领导责任者，包括主要领导责任者和重要领导责任者。

第四十条　【主动交代的含义】本条例所称主动交代，是指涉嫌违纪的党员在组织谈话函询、初步核实前向有关组织交代自己的问题，或者在谈话函询、初步核实和立案审查期间交代组织未掌握的问题。

第四十一条　【对违纪党员干部职级、单独职务序列等级的调整】担任职级、单独职务序列等级的党员干部违犯党纪受到处分，需要对其职级、单独职务序列等级进行调整的，参照本条例关于党外职务的规定执行。

第四十二条　【经济损失的计算】计算经济损失应当计算立案时已经实际造成的全部财产损失，包括为挽回违纪行为所造成损失而支付的各种开支、费用。立案后至处理前持续发生的经济损失，应当一并计算在内。

第四十三条　【对违纪所获利益的处理】对于违纪行为所获得的经济利益，应当收缴或者责令退赔。对于主动上交的违纪所得和经济损失赔偿，应当予以接收，并按照规定收缴或者返还有关单位、个人。

对于违纪行为所获得的职务、职级、职称、学历、学位、奖励、资格等其他利益，应当由承办案件的纪检机关或者由其上级纪检机关建议有关组织、部门、单位按照规定予以纠正。

对于依照本条例第三十七条、第三十八条规定处理的党员，经调查确属其实施违纪行为获得的利益，依照本条规定处理。

第四十四条　【党纪处分决定的宣布与执行】党纪处分决定作

出后，应当在一个月内向受处分党员所在党的基层组织中的全体党员及其本人宣布，是领导班子成员的还应当向所在党组织领导班子宣布，并按照干部管理权限和组织关系将处分决定材料归入受处分者档案；对于受到撤销党内职务以上处分的，还应当在一个月内办理职务、工资、工作及其他有关待遇等相应变更手续；涉及撤销或者调整其党外职务的，应当建议党外组织及时撤销或者调整其党外职务。特殊情况下，经作出或者批准作出处分决定的组织批准，可以适当延长办理期限。办理期限最长不得超过六个月。

第四十五条　【党纪处分决定执行情况报告与党员申诉】执行党纪处分决定的机关或者受处分党员所在单位，应当在六个月内将处分决定的执行情况向作出或者批准处分决定的机关报告。

党员对所受党纪处分不服的，可以依照党章及有关规定提出申诉。

第四十六条　【党纪处分影响期满后无需取消】党员因违犯党纪受到处分，影响期满后，党组织无需取消对其的处分。

第四十七条　【对“以上”“以下”的说明】本条例所称以上、以下，除有特别标明外均含本级、本数。

第四十八条　【本条例总则与其他党内法规的关系】本条例总则适用于有党纪处分规定的其他党内法规，但是中共中央发布或者批准发布的其他党内法规有特别规定的除外。

第二编 分 则

第六章 对违反政治纪律行为的处分

第四十九条 【对在重大原则问题上不同党中央保持一致行为的处分】在重大原则问题上不同党中央保持一致且有实际言论、行为或者造成不良后果的，给予警告或者严重警告处分；情节较重的，给予撤销党内职务或者留党察看处分；情节严重的，给予开除党籍处分。

第五十条 【对公开发表反党言论行为的处分】通过网络、广播、电视、报刊、传单、书籍等，或者利用讲座、论坛、报告会、座谈会等方式，公开发表坚持资产阶级自由化立场、反对四项基本原则，反对党的改革开放决策的文章、演说、宣言、声明等的，给予开除党籍处分。

发布、播出、刊登、出版前款所列文章、演说、宣言、声明等或者为上述行为提供方便条件的，对直接责任者和领导责任者，给予严重警告或者撤销党内职务处分；情节严重的，给予留党察看或者开除党籍处分。

第五十一条 【对公开发表歪曲言论、妄议大政方针、丑化党和国家形象等行为的处分】通过网络、广播、电视、报刊、传单、书籍等，或者利用讲座、论坛、报告会、座谈会等方式，有下列行为之一，情节较轻的，给予警告或者严重警告处分；情节较重的，给予撤销党内职务或者留党察看处分；情节严重的，给予开除党籍处分：

（一）公开发表违背四项基本原则，违背、歪曲党的改革开放决策，或者其他有严重政治问题的文章、演说、宣言、声明等；

（二）妄议党中央大政方针，破坏党的集中统一；

（三）丑化党和国家形象，或者诋毁、诬蔑党和国家领导人、英雄模范，或者歪曲党的历史、中华人民共和国历史、人民军队历史。

发布、播出、刊登、出版前款所列内容或者为上述行为提供方便条件的，对直接责任者和领导责任者，给予严重警告或者撤销党内职务处分；情节严重的，给予留党察看或者开除党籍处分。

第五十二条　【对制作、贩卖、传播反党读物和视听资料，私自携带、寄递以上物品入出境，私自阅看、浏览、收听以上物品行为的处分】制作、贩卖、传播第五十条、第五十一条所列内容之一的报刊、书籍、音像制品、电子读物，以及网络文本、图片、音频、视频资料等，情节较轻的，给予警告或者严重警告处分；情节较重的，给予撤销党内职务或者留党察看处分；情节严重的，给予开除党籍处分。

私自携带、寄递第五十条、第五十一条所列内容之一的报刊、书籍、音像制品、电子读物等入出境，情节较重的，给予警告或者严重警告处分；情节严重的，给予撤销党内职务、留党察看或者开除党籍处分。

私自阅看、浏览、收听第五十条、第五十一条所列内容之一的报刊、书籍、音像制品、电子读物，以及网络文本、图片、音频、视频资料等，情节严重的，给予警告、严重警告或者撤销党内职务处分。

第五十三条　【对组织、参加秘密集团或其他分裂党的活动行为的处分】在党内组织秘密集团或者组织其他分裂党的活动的，给予开除党籍处分。

参加秘密集团或者参加其他分裂党的活动的，给予留党察看或者开除党籍处分。

第五十四条　【对搞非组织活动、捞取政治资本行为，导致政治生态恶化行为的处分】在党内搞团团伙伙、结党营私、拉帮结派、政治攀附、培植个人势力等非组织活动，或者通过搞利益交换、为自己营造声势等活动捞取政治资本的，给予严重警告或者撤销党内职务处分；导致本地区、本部门、本单位政治生态恶化的，给予留党察看或者开除党籍处分。

第五十五条　【对搞投机钻营、结交政治骗子或被政治骗子利用、充当政治骗子行为的处分】搞投机钻营，结交政治骗子或者被政治骗子利用的，给予严重警告或者撤销党内职务处分；情节严重的，给予留党察看或者开除党籍处分。

充当政治骗子的，给予撤销党内职务、留党察看或者开除党籍处分。

第五十六条　【对搞山头主义、对抗党和国家政策、搞部门或

地方保护主义行为的处分】党员领导干部在本人主政的地方或者分管的部门自行其是，搞山头主义，拒不执行党中央确定的大政方针，甚至背着党中央另搞一套的，给予撤销党内职务、留党察看或者开除党籍处分。

贯彻党中央决策部署只表态不落实，或者落实党中央决策部署不坚决，打折扣、搞变通，在政治上造成不良影响或者严重后果的，给予警告或者严重警告处分；情节严重的，给予撤销党内职务、留党察看或者开除党籍处分。

不顾党和国家大局，搞部门或者地方保护主义的，依照前款规定处理。

第五十七条　【对违背新发展理念、背离高质量发展要求行为的处分】党员领导干部政绩观错位，违背新发展理念、背离高质量发展要求，给党、国家和人民利益造成较大损失的，给予警告或者严重警告处分；情节较重的，给予撤销党内职务或者留党察看处分；情节严重的，给予开除党籍处分。

搞劳民伤财的“形象工程”、“政绩工程”的，从重或者加重处分。

第五十八条　【对党不忠诚不老实、做两面人等行为的处分】对党不忠诚不老实，表里不一，阳奉阴违，欺上瞒下，搞两面派，做两面人，在政治上造成不良影响的，给予警告或者严重警告处分；情节较重的，给予撤销党内职务或者留党察看处分；情节严重的，给予开除党籍处分。

第五十九条 【对制造、散布、传播政治谣言行为的处分】制造、散布、传播政治谣言，破坏党的团结统一的，给予警告或者严重警告处分；情节较重的，给予撤销党内职务或者留党察看处分；情节严重的，给予开除党籍处分。

政治品行恶劣，匿名诬告，有意陷害或者制造其他谣言，造成损害或者不良影响的，依照前款规定处理。

第六十条 【对擅自对重大政策问题作出决定、对外发表主张行为的处分】擅自对应当由党中央决定的重大政策问题作出决定、对外发表主张的，对直接责任者和领导责任者，给予严重警告或者撤销党内职务处分；情节严重的，给予留党察看或者开除党籍处分。

第六十一条 【对不按规定请示、报告行为的处分】不按照有关规定向组织请示、报告重大事项，对直接责任者和领导责任者，情节较重的，给予警告或者严重警告处分；情节严重的，给予撤销党内职务或者留党察看处分。

第六十二条 【对干扰巡视巡察工作或不落实巡视巡察整改要求行为的处分】干扰巡视巡察工作或者不落实巡视巡察整改要求，对直接责任者和领导责任者，情节较轻的，给予警告或者严重警告处分；情节较重的，给予撤销党内职务或者留党察看处分；情节严重的，给予开除党籍处分。

第六十三条 【对对抗组织审查行为的处分】对抗组织审查，有下列行为之一的，给予警告或者严重警告处分；情节较重的，给予撤销党内职务或者留党察看处分；情节严重的，给予开除党籍处分：

（一）串供或者伪造、销毁、转移、隐匿证据；

（二）阻止他人揭发检举、提供证据材料；

（三）包庇同案人员；

（四）向组织提供虚假情况，掩盖事实；

（五）其他对抗组织审查行为。

第六十四条　【对组织、参加反党活动行为的处分】组织、参加反对党的基本理论、基本路线、基本方略或者重大方针政策的集会、游行、示威等活动的，或者以组织讲座、论坛、报告会、座谈会等方式，反对党的基本理论、基本路线、基本方略或者重大方针政策，造成严重不良影响的，对策划者、组织者和骨干分子，给予开除党籍处分。

对其他参加人员或者以提供信息、资料、财物、场地等方式支持上述活动者，情节较轻的，给予警告或者严重警告处分；情节较重的，给予撤销党内职务或者留党察看处分；情节严重的，给予开除党籍处分。

对不明真相被裹挟参加，经批评教育后确有悔改表现的，可以免予处分或者不予处分。

未经组织批准参加其他集会、游行、示威等活动，情节较轻的，给予警告或者严重警告处分；情节较重的，给予撤销党内职务或者留党察看处分；情节严重的，给予开除党籍处分。

第六十五条 【对组织、参加反党组织行为的处分】组织、参加旨在反对党的领导、反对社会主义制度或者敌视政府等组织的，对策划者、组织者和骨干分子，给予开除党籍处分。

对其他参加人员，情节较轻的，给予警告或者严重警告处分；情节较重的，给予撤销党内职务或者留党察看处分；情节严重的，给予开除党籍处分。

第六十六条 【对组织、参加邪教组织行为的处分】组织、参加会道门或者邪教组织的，对策划者、组织者和骨干分子，给予开除党籍处分。

对其他参加人员，情节较轻的，给予警告或者严重警告处分；情节较重的，给予撤销党内职务或者留党察看处分；情节严重的，给予开除党籍处分。

对不明真相的参加人员，经批评教育后确有悔改表现的，可以免予处分或者不予处分。

第六十七条 【对挑拨、破坏民族关系或参加民族分裂活动行为的处分】从事、参与挑拨破坏民族关系制造事端或者参加民族分裂活动的，对策划者、组织者和骨干分子，给予开除党籍处分。

对其他参加人员，情节较轻的，给予警告或者严重警告处分；情节较重的，给予撤销党内职务或者留党察看处分；情节严重的，给予开除党籍处分。

对不明真相被裹挟参加，经批评教育后确有悔改表现的，可以免予处分或者不予处分。

有其他违反党和国家民族政策的行为，情节较轻的，给予警告或者严重警告处分；情节较重的，给予撤销党内职务或者留党察看处分；情节严重的，给予开除党籍处分。

第六十八条　【对组织、利用宗教活动反党行为的处分】组织、利用宗教活动反对党的理论、路线、方针、政策和决议，破坏民族团结的，对策划者、组织者和骨干分子，给予开除党籍处分。

对其他参加人员，给予撤销党内职务或者留党察看处分；情节严重的，给予开除党籍处分。

对不明真相被裹挟参加，经批评教育后确有悔改表现的，可以免予处分或者不予处分。

有其他违反党和国家宗教政策的行为，情节较轻的，给予警告或者严重警告处分；情节较重的，给予撤销党内职务或者留党察看处分；情节严重的，给予开除党籍处分。

第六十九条　【对信仰宗教党员的教育及处分】对信仰宗教的党员，应当加强思想教育，要求其限期改正；经党组织帮助教育仍没有转变的，应当劝其退党；劝而不退的，予以除名；参与利用宗教搞煽动活动的，给予开除党籍处分。

第七十条　【对组织、参加迷信活动行为的处分】组织迷信活动的，给予撤销党内职务或者留党察看处分；情节严重的，给予开除党籍处分。

参加迷信活动或者个人搞迷信活动，造成不良影响的，给予警告或者严重警告处分；情节较重的，给予撤销党内职务或者留党察看处分；情节严重的，给予开除党籍处分。

对不明真相的参加人员，经批评教育后确有悔改表现的，可以免予处分或者不予处分。

第七十一条 【对组织、利用宗族势力对抗党和政府行为的处分】 组织、利用宗族势力对抗党和政府，妨碍党和国家的方针政策以及决策部署的实施，或者破坏党的基层组织建设的，对策划者、组织者和骨干分子，给予开除党籍处分。

对其他参加人员，给予撤销党内职务或者留党察看处分；情节严重的，给予开除党籍处分。

对不明真相被裹挟参加，经批评教育后确有悔改表现的，可以免予处分或者不予处分。

第七十二条 【对在国（境）外叛逃或公开发表反对党和政府言论行为的处分】 在国（境）外、外国驻华使（领）馆申请政治避难，或者违纪后逃往国（境）外、外国驻华使（领）馆的，给予开除党籍处分。

在国（境）外公开发表反对党和政府的文章、演说、宣言、声明等的，依照前款规定处理。

故意为上述行为提供方便条件的，给予留党察看或者开除党籍处分。

第七十三条 【对在涉外活动中损害党和国家尊严、利益行为的处分】 在涉外活动中，其言行在政治上造成恶劣影响，损害党和国家尊严、利益的，给予撤销党内职务或者留党察看处分；情节严重重的，给予开除党籍处分。

第七十四条　【对不履行全面从严治党责任或履行不力行为的处分】 不履行全面从严治党主体责任、监督责任或者履行全面从严治党主体责任、监督责任不力，给党组织造成严重损害或者严重不良影响的，对直接责任者和领导责任者，给予警告或者严重警告处分；情节严重的，给予撤销党内职务或者留党察看处分。

第七十五条　【对党员领导干部搞无原则一团和气行为的处分】 党员领导干部对违反政治纪律和政治规矩等错误思想和行为不报告、不抵制、不斗争，放任不管，搞无原则一团和气，造成不良影响的，给予警告或者严重警告处分；情节严重的，给予撤销党内职务或者留党察看处分。

第七十六条　【对违反党的优良传统和工作惯例等行为的处分】 违反党的优良传统和工作惯例等党的规矩，在政治上造成不良影响或者严重后果的，给予警告或者严重警告处分；情节较重的，给予撤销党内职务或者留党察看处分；情节严重的，给予开除党籍处分。

第七章　对违反组织纪律行为的处分

第七十七条　【对违反民主集中制原则行为的处分】 违反民主集中制原则，有下列行为之一的，给予警告或者严重警告处分；情节严重的，给予撤销党内职务或者留党察看处分：

（一）拒不执行或者擅自改变党组织作出的重大决定；

（二）违反议事规则，个人或者少数人决定重大问题；

（三）故意规避集体决策，决定重大事项、重要干部任免、重要项目安排和大额资金使用；

（四）借集体决策名义集体违规。

第七十八条　【对下级党组织拒不执行或擅自改变上级决定行为的处分】下级党组织拒不执行或者擅自改变上级党组织决定的，对直接责任者和领导责任者，给予警告或者严重警告处分；情节严重的，给予撤销党内职务或者留党察看处分。

第七十九条　【对拒不执行党组织人事安排决定行为的处分】拒不执行党组织的分配、调动、交流等决定的，给予警告、严重警告或者撤销党内职务处分。

在特殊时期或者紧急状况下，拒不执行党组织上述决定的，给予留党察看或者开除党籍处分。

第八十条　【对拒绝作证或故意提供虚假情况行为的处分】在党组织纪律审查中，依法依规负有作证义务的党员拒绝作证或者故意提供虚假情况，情节较重的，给予警告或者严重警告处分；情节严重的，给予撤销党内职务、留党察看或者开除党籍处分。

第八十一条　【对隐瞒不报、不如实报告、弄虚作假和隐瞒入党前严重错误行为的处分】有下列行为之一，情节较重的，给予警告或者严重警告处分：

（一）违反个人有关事项报告规定，隐瞒不报；

（二）在组织进行谈话函询时，不如实向组织说明问题；

（三）不按要求报告或者不如实报告个人去向；

（四）不如实填报个人档案资料。

有前款第二项规定的行为，同时向组织提供虚假情况、掩盖事实的，依照本条例第六十三条规定处理。

篡改、伪造个人档案资料的，给予严重警告处分；情节严重的，给予撤销党内职务或者留党察看处分。

隐瞒入党前严重错误的，一般应当予以除名；对入党多年且一贯表现好，或者在工作中作出突出贡献的，给予严重警告、撤销党内职务或者留党察看处分。

第八十二条　【对违规组织、参加自发成立的老乡会、校友会、战友会等行为的处分】党员领导干部违反有关规定组织、参加自发成立的老乡会、校友会、战友会等，情节严重的，给予警告、严重警告或者撤销党内职务处分。

第八十三条　【对破坏选举行为的处分】有下列行为之一的，给予警告或者严重警告处分；情节较重的，给予撤销党内职务或者留党察看处分；情节严重的，给予开除党籍处分：

（一）在民主推荐、民主测评、组织考察和党内选举中搞拉票、助选等非组织活动；

（二）在法律规定的投票、选举活动中违背组织原则搞非组织活动，组织、怂恿、诱使他人投票、表决；

（三）在选举中进行其他违反党章、其他党内法规和有关章程活动。

搞有组织的拉票贿选，或者用公款拉票贿选的，从重或者加重处分。

第八十四条 【对违反干部选拔任用规定行为的处分】 在干部选拔任用工作中，有任人唯亲、排斥异己、封官许愿、说情干预、跑官要官、突击提拔或者调整干部等违反干部选拔任用规定行为，对直接责任者和领导责任者，情节较轻的，给予警告或者严重警告处分；情节较重的，给予撤销党内职务或者留党察看处分；情节严重的，给予开除党籍处分。

用人失察失误造成严重后果的，对直接责任者和领导责任者，依照前款规定处理。

第八十五条 【对违反推进领导干部能上能下规定行为的处分】 在推进领导干部能上能下工作中，搞好人主义，有下列行为之一，对直接责任者和领导责任者，情节较重的，给予警告或者严重警告处分；情节严重的，给予撤销党内职务或者留党察看处分：

（一）以党纪政务等处分规避组织调整；

（二）以组织调整代替党纪政务等处分；

（三）其他避重就轻作出处理行为。

第八十六条 【对借人事工作谋利或靠弄虚作假骗取职务、荣誉等利益行为的处分】 在干部、职工的录用、考核、职务职级晋升、职称评聘、荣誉表彰，授予学术称号和征兵、安置退役军人等工作中，隐瞒、歪曲事实真相，或者利用职权或者职务上的影响违反有关规定为本人或者其他人谋取利益的，给予警告或者严重警告处分；情节较重的，给予撤销党内职务或者留党察看处分；情节严重的，给予开除党籍处分。

弄虚作假，骗取职务、职级、职称、待遇、资格、学历、学位、荣誉、称号或者其他利益的，依照前款规定处理。

第八十七条　【对侵害党员表决权、选举权和被选举权行为的处分】 侵犯党员的表决权、选举权和被选举权，情节较重的，给予警告或者严重警告处分；情节严重的，给予撤销党内职务处分。

以强迫、威胁、欺骗、拉拢等手段，妨害党员自主行使表决权、选举权和被选举权的，给予撤销党内职务、留党察看或者开除党籍处分。

第八十八条　【对侵害党员批评、检举、控告、申辩、辩护、作证、申诉等权利行为的处分】 有下列行为之一的，对直接责任者和领导责任者，给予警告或者严重警告处分；情节较重的，给予撤销党内职务或者留党察看处分；情节严重的，给予开除党籍处分：

（一）对批评、检举、控告进行阻挠、压制，或者将批评、检举、控告材料私自扣压、销毁，或者故意将其泄露给他人；

（二）对党员的申辩、辩护、作证等进行压制，造成不良后果；

（三）压制党员申诉，造成不良后果，或者不按照有关规定处理党员申诉；

（四）其他侵犯党员权利行为，造成不良后果。

对批评人、检举人、控告人、证人及其他人员打击报复的，从重或者加重处分。

第八十九条　【对违规发展党员行为的处分】违反党章和其他党内法规的规定，采取弄虚作假或者其他手段把不符合党员条件的人发展为党员，或者为非党员出具党员身份证明的，对直接责任者和领导责任者，给予警告或者严重警告处分；情节严重的，给予撤销党内职务处分。

违反有关规定程序发展党员的，对直接责任者和领导责任者，依照前款规定处理。

第九十条　【对违规获取外国身份行为的处分】违反有关规定取得外国国籍或者获取国（境）外永久居留资格、长期居留许可的，给予撤销党内职务、留党察看或者开除党籍处分。

第九十一条　【对违规办理因私出国（境）证件或未经批准、超出批准范围出入国（边）境行为的处分】违反有关规定办理因私出国（境）证件、前往港澳通行证，或者未经批准出入国（边）境，情节较轻的，给予警告或者严重警告处分；情节较重的，给予撤销党内职务或者留党察看处分；情节严重的，给予开除党籍处分。

虽经批准因私出国（境）但存在擅自变更路线、无正当理由超期未归等超出批准范围出国（境）行为，情节较重的，给予警告或者严重警告处分；情节严重的，给予撤销党内职务处分。

第九十二条　【对在国（境）外擅自脱离组织或违规与外交往行为的处分】驻外机构或者临时出国（境）团（组）中的党员擅自脱离组织，或者从事外事、机要、军事等工作的党员违反有关规定同国（境）外机构、人员联系和交往的，给予警告、严重警告或者撤销党内职务处分。

第九十三条　【对脱离或协助他人脱离组织行为的处分】驻外机构或者临时出国（境）团（组）中的党员，脱离组织出走时间不满六个月又自动回归的，给予撤销党内职务或者留党察看处分；脱离组织出走时间超过六个月的，按照自行脱党处理，党内予以除名。

故意为他人脱离组织出走提供方便条件的，给予警告、严重警告或者撤销党内职务处分。

第八章　对违反廉洁纪律行为的处分

第九十四条　【对利用职权为他人谋利及亲属等相关人员借影响力收受财物行为的处分】党员干部必须正确行使人民赋予的权力，清正廉洁，反对特权思想和特权现象，反对任何滥用职权、谋求私利的行为。

利用职权或者职务上的影响为他人谋取利益，本人的配偶、子女及其配偶等亲属和其他特定关系人收受对方财物，情节较重的，给予警告或者严重警告处分；情节严重的，给予撤销党内职务、留党察看或者开除党籍处分。

第九十五条　【对权权交易行为的处分】相互利用职权或者职务上的影响为对方及其配偶、子女及其配偶等亲属、身边工作人员和其他特定关系人谋取利益搞权权交易的，给予警告或者严重警告处分；情节较重的，给予撤销党内职务或者留党察看处分；情节严重的，给予开除党籍处分。

第九十六条 【对纵容、默许亲属、身边工作人员和其他特定关系人利用本人职权谋利行为的处分】纵容、默许配偶、子女及其配偶等亲属、身边工作人员和其他特定关系人利用党员干部本人职权或者职务上的影响谋取私利，情节较轻的，给予警告或者严重警告处分；情节较重的，给予撤销党内职务或者留党察看处分；情节严重的，给予开除党籍处分。

党员干部的配偶、子女及其配偶等亲属和其他特定关系人不实际工作而获取薪酬或者虽实际工作但领取明显超出同职级标准薪酬，党员干部知情未予纠正的，依照前款规定处理。

第九十七条 【对违规收受财物行为的处分】收受可能影响公正执行公务的礼品、礼金、消费卡（券）和有价证券、股权、其他金融产品等财物，情节较轻的，给予警告或者严重警告处分；情节较重的，给予撤销党内职务或者留党察看处分；情节严重的，给予开除党籍处分。

收受其他明显超出正常礼尚往来的财物的，依照前款规定处理。

第九十八条 【对违规赠送财物或变相送礼行为的处分】向从事公务的人员及其配偶、子女及其配偶等亲属和其他特定关系人赠送明显超出正常礼尚往来的礼品、礼金、消费卡（券）和有价证券、股权、其他金融产品等财物，情节较重的，给予警告或者严重警告处分；情节严重的，给予撤销党内职务或者留党察看处分。

以讲课费、课题费、咨询费等名义变相送礼的，依照前款规定处理。

第九十九条　【对可能影响公正执行公务行为的处分】借用管理和服务对象的钱款、住房、车辆等，可能影响公正执行公务，情节较重的，给予警告或者严重警告处分；情节严重的，给予撤销党内职务、留党察看或者开除党籍处分。

通过民间借贷等金融活动获取大额回报，可能影响公正执行公务的，依照前款规定处理。

第一百条　【对利用职权或职务上的影响操办婚丧喜庆事宜行为的处分】利用职权或者职务上的影响操办婚丧喜庆事宜，造成不良影响的，给予警告或者严重警告处分；情节严重的，给予撤销党内职务处分；借机敛财或者有其他侵犯国家、集体和人民利益行为的，从重或者加重处分，直至开除党籍。

第一百零一条　【对违规接受、提供宴请或旅游、健身、娱乐等活动安排行为的处分】接受、提供可能影响公正执行公务的宴请或者旅游、健身、娱乐等活动安排，情节较重的，给予警告或者严重警告处分；情节严重的，给予撤销党内职务或者留党察看处分。

第一百零二条　【对违规取得、持有、实际使用消费卡（券）或出入私人会所行为的处分】违反有关规定取得、持有、实际使用运动健身卡、会所和俱乐部会员卡、高尔夫球卡等各种消费卡（券），或者违反有关规定出入私人会所，情节较重的，给予警告或者严重警告处分；情节严重的，给予撤销党内职务或者留党察看处分。

第一百零三条 【对违规从事营利活动、利用职权非正常获利及违规兼职行为的处分】违反有关规定从事营利活动，有下列行为之一，情节较轻的，给予警告或者严重警告处分；情节较重的，给予撤销党内职务或者留党察看处分；情节严重的，给予开除党籍处分：

（一）经商办企业；

（二）拥有非上市公司（企业）的股份或者证券；

（三）买卖股票或者进行其他证券投资；

（四）从事有偿中介活动；

（五）在国（境）外注册公司或者投资入股；

（六）其他违反有关规定从事营利活动的行为。

利用参与企业重组改制、定向增发、兼并投资、土地使用权出让等工作中掌握的信息买卖股票，利用职权或者职务上的影响通过购买信托产品、基金等方式非正常获利的，依照前款规定处理。

违反有关规定在经济组织、社会组织等单位中兼职，或者经批准兼职但获取薪酬、奖金、津贴等额外利益的，依照第一款规定处理。

第一百零四条 【对违规为亲属和特定关系人谋利的处分】利用职权或者职务上的影响，为配偶、子女及其配偶等亲属和其他特定关系人在审批监管、资源开发、金融信贷、大宗采购、土地使用权出让、房地产开发、工程招投标以及公共财政收支等方面谋取利益，情节较轻的，给予警告或者严重警告处分；情节较重的，给予撤销党内职务或者留党察看处分；情节严重的，给予开除党籍处分。

利用职权或者职务上的影响，为配偶、子女及其配偶等亲属和其他特定关系人吸收存款、推销金融产品、经营名贵特产类特殊资源等提供帮助谋取利益的，依照前款规定处理。

第一百零五条　【对离退休干部违规任职或从事营利活动行为的处分】 离职或者退（离）休后违反有关规定接受原任职务管辖的地区和业务范围内或者与原工作业务直接相关的企业和中介机构等单位的聘用，或者个人从事与原任职务管辖业务或者与原工作业务直接相关的营利活动，情节较轻的，给予警告或者严重警告处分；情节较重的，给予撤销党内职务处分；情节严重的，给予留党察看处分。

党员领导干部离职或者退（离）休后违反有关规定担任上市公司、基金管理公司独立董事、独立监事等职务，情节较轻的，给予警告或者严重警告处分；情节较重的，给予撤销党内职务处分；情节严重的，给予留党察看处分。

第一百零六条　【对离退休干部利用原职权为亲属和其他特定关系人谋利及亲属等相关人员借影响力收受财物行为的处分】 离职或者退（离）休后利用原职权或者职务上的影响，为配偶、子女及其配偶等亲属和其他特定关系人从事经营活动谋取利益，情节较轻的，给予警告或者严重警告处分；情节较重的，给予撤销党内职务或者留党察看处分；情节严重的，给予开除党籍处分。

离职或者退（离）休后利用原职权或者职务上的影响为他人谋取利益，本人的配偶、子女及其配偶等亲属和其他特定关系人收受对方财物，情节较重的，给予警告或者严重警告处分；情节严重的，给予撤销党内职务、留党察看或者开除党籍处分。

第一百零七条　【对党员领导干部的配偶、子女及其配偶违规经营或任职行为的处分】党员领导干部的配偶、子女及其配偶，违反有关规定在该党员领导干部管辖的地区和业务范围内从事可能影响其公正执行公务的经营活动，或者有其他违反经商办企业禁业规定行为的，该党员领导干部应当按照规定予以纠正；拒不纠正的，其本人应当辞去现任职务或者由组织予以调整职务；不辞去现任职务或者不服从组织调整职务的，给予撤销党内职务处分。

第一百零八条　【对党和国家机关违规经商办企业行为的处分】党和国家机关违反有关规定经商办企业的，对直接责任者和领导责任者，给予警告或者严重警告处分；情节严重的，给予撤销党内职务处分。

第一百零九条　【对党员领导干部违规为本人、亲属、身边工作人员和其他特定关系人谋求特殊待遇行为的处分】党员领导干部违反工作、生活保障制度，在交通、医疗、警卫等方面为本人、配偶、子女及其配偶等亲属、身边工作人员和其他特定关系人谋求特殊待遇，情节较重的，给予警告或者严重警告处分；情节严重的，给予撤销党内职务或者留党察看处分。

第一百一十条　【对在分配、购买住房中侵犯国家、集体利益行为的处分】在分配、购买住房中侵犯国家、集体利益，情节较轻的，给予警告或者严重警告处分；情节较重的，给予撤销党内职务或者留党察看处分；情节严重的，给予开除党籍处分。

第一百一十一条　【对侵占公私财物、违规报销行为的处分】利用职权或者职务上的影响，侵占非本人经管的公私财物，或者以象征性地支付钱款等方式侵占公私财物，或者无偿、象征性地支付报酬接受服务、使用劳务，情节较轻的，给予警告或者严重警告处分；情节较重的，给予撤销党内职务或者留党察看处分；情节严重的，给予开除党籍处分。

利用职权或者职务上的影响，将应当由本人、配偶、子女及其配偶等亲属、身边工作人员和其他特定关系人个人支付的费用，由下属单位、其他单位或者他人支付、报销的，依照前款规定处理。

第一百一十二条　【对违规占用公物归个人使用、进行营利活动行为的处分】利用职权或者职务上的影响，违反有关规定占用公物归个人使用，时间超过六个月，情节较重的，给予警告或者严重警告处分；情节严重的，给予撤销党内职务处分。

占用公物进行营利活动的，给予警告或者严重警告处分；情节较重的，给予撤销党内职务或者留党察看处分；情节严重的，给予开除党籍处分。

将公物借给他人进行营利活动的，依照前款规定处理。

第一百一十三条 【对组织、参加公款宴请、娱乐、健身活动，用公款购买赠送或者发放礼品、消费卡（券）等行为的处分】 违反有关规定组织、参加用公款支付的宴请、娱乐、健身活动，或者用公款购买赠送或者发放礼品、消费卡（券）等，对直接责任者和领导责任者，情节较轻的，给予警告或者严重警告处分；情节较重的，给予撤销党内职务或者留党察看处分；情节严重的，给予开除党籍处分。

第一百一十四条 【对违规发放薪酬、津补贴、奖金、福利等行为的处分】 违反有关规定自定薪酬或者滥发津贴、补贴、奖金、福利等，对直接责任者和领导责任者，情节较轻的，给予警告或者严重警告处分；情节较重的，给予撤销党内职务或者留党察看处分；情节严重的，给予开除党籍处分。

第一百一十五条 【对公款旅游等行为的处分】 有下列行为之一，对直接责任者和领导责任者，情节较轻的，给予警告或者严重警告处分；情节较重的，给予撤销党内职务或者留党察看处分；情节严重的，给予开除党籍处分：

（一）公款旅游或者以学习培训、考察调研、职工疗养等为名变相公款旅游；

（二）改变公务行程，借机旅游；

（三）参加所管理企业、下属单位组织的考察活动，借机旅游。

以考察、学习、培训、研讨、招商、参展等名义变相用公款出国（境）旅游的，对直接责任者和领导责任者，依照前款规定处理。

第一百一十六条　【对违规接待或者借机大吃大喝行为的处分】违反接待管理规定，超标准、超范围接待或者借机大吃大喝，对直接责任者和领导责任者，情节较重的，给予警告或者严重警告处分；情节严重的，给予撤销党内职务处分。

第一百一十七条　【对违规配备、购买、更换、装饰、使用公车等行为的处分】违反有关规定配备、购买、更换、装饰、使用公务交通工具或者有其他违反公务交通工具管理规定的行为，对直接责任者和领导责任者，情节较重的，给予警告或者严重警告处分；情节严重的，给予撤销党内职务或者留党察看处分。

第一百一十八条　【对违反会议活动管理规定行为的处分】违反会议活动管理规定，有下列行为之一，对直接责任者和领导责任者，情节较重的，给予警告或者严重警告处分；情节严重的，给予撤销党内职务处分：

（一）到禁止召开会议的风景名胜区开会；

（二）决定或者批准举办各类节会、庆典活动；

（三）其他违反会议活动管理规定行为。

擅自举办评比达标表彰、创建示范活动或者借评比达标表彰、创建示范活动收取费用的，对直接责任者和领导责任者，依照前款规定处理。

第一百一十九条　【对违反办公用房管理规定行为的处分】违反办公用房管理等规定，有下列行为之一，对直接责任者和领导责任者，情节较重的，给予警告或者严重警告处分；情节严重的，给予撤销党内职务处分：

（一）决定或者批准兴建、装修办公楼、培训中心等楼堂馆所；

（二）超标准配备、使用办公用房；

（三）未经批准租用、借用办公用房；

（四）用公款包租、占用客房或者其他场所供个人使用；

（五）其他违反办公用房管理等规定行为。

第一百二十条　【对搞权色交易、钱色交易行为的处分】搞权色交易或者给予财物搞钱色交易的，给予警告或者严重警告处分；情节较重的，给予撤销党内职务或者留党察看处分；情节严重的，给予开除党籍处分。

第一百二十一条　【对其他违反廉洁纪律规定行为的处分】有其他违反廉洁纪律规定行为的，应当视具体情节给予警告直至开除党籍处分。

第九章　对违反群众纪律行为的处分

第一百二十二条　【对侵害群众利益行为的处分】有下列行为之一，对直接责任者和领导责任者，情节较轻的，给予警告或者严重警告处分；情节较重的，给予撤销党内职务或者留党察看处分；情节严重的，给予开除党籍处分：

（一）超标准、超范围向群众筹资筹劳、摊派费用，加重群众负担；

（二）违反有关规定扣留、收缴群众款物或者处罚群众；

（三）克扣群众财物，或者违反有关规定拖欠群众钱款；

（四）在管理、服务活动中违反有关规定收取费用；

（五）在办理涉及群众事务时刁难群众、吃拿卡要；

（六）其他侵害群众利益行为。

在乡村振兴领域有上述行为的，从重或者加重处分。

第一百二十三条　【对干涉生产经营自主权，致使群众财产遭受较大损失行为的处分】干涉生产经营自主权，致使群众财产遭受较大损失的，对直接责任者和领导责任者，给予警告或者严重警告处分；情节严重的，给予撤销党内职务或者留党察看处分。

第一百二十四条　【对在社会保障、救助、扶持及救灾事项中优亲厚友行为的处分】在社会保障、社会救助、政策扶持、救灾救济款物分配等事项中优亲厚友、明显有失公平的，给予警告或者严重警告处分；情节较重的，给予撤销党内职务或者留党察看处分；情节严重的，给予开除党籍处分。

第一百二十五条　【对涉及黑恶势力行为的处分】利用宗族或者黑恶势力等欺压群众，或者纵容涉黑涉恶活动、为黑恶势力充当“保护伞”的，给予撤销党内职务或者留党察看处分；情节严重的，给予开除党籍处分。

第一百二十六条　【对损害群众利益行为的处分】有下列行为之一，对直接责任者和领导责任者，情节较重的，给予警告或者严重警告处分；情节严重的，给予撤销党内职务或者留党察看处分：

（一）对涉及群众生产、生活等切身利益的问题依照政策或者有关规定能解决而不及时解决，庸懒无为、效率低下，造成不良影响；

（二）对符合政策的群众诉求消极应付、推诿扯皮，损害党群、干群关系；

（三）对待群众态度恶劣、简单粗暴，造成不良影响；

（四）弄虚作假，欺上瞒下，损害群众利益；

（五）其他不作为、乱作为、慢作为、假作为等损害群众利益行为。

第一百二十七条　【对国家财产和群众生命财产见危不救行为的处分】遇到国家财产和群众生命财产受到严重威胁时，能救而不救，情节较重的，给予警告、严重警告或者撤销党内职务处分；情节严重的，给予留党察看或者开除党籍处分。

第一百二十八条　【对侵犯群众知情权行为的处分】不按照规定公开党务、政务、厂务、村（居）务等，侵犯群众知情权，对直接责任者和领导责任者，情节较重的，给予警告或者严重警告处分；情节严重的，给予撤销党内职务或者留党察看处分。

第一百二十九条　【对其他违反群众纪律规定行为的处分】有其他违反群众纪律规定行为的，应当视具体情节给予警告直至开除党籍处分。

第十章　对违反工作纪律行为的处分

第一百三十条　【对工作中不负责任或疏于管理，贯彻上级决

策部署不力行为的处分】工作中不负责任或者疏于管理，贯彻执行、检查督促落实上级决策部署不力，给党、国家和人民利益以及公共财产造成较大损失的，对直接责任者和领导责任者，给予警告或者严重警告处分；造成重大损失的，给予撤销党内职务、留党察看或者开除党籍处分。

党员领导干部对于到任前已经存在且属于其职责范围内的问题，消极回避、推卸责任，造成严重损害或者严重不良影响的，依照前款规定处理。

第一百三十一条　【对工作中不敢斗争、不愿担当、临阵退缩行为的处分】工作中不敢斗争、不愿担当，面对重大矛盾冲突、危机困难临阵退缩，造成不良影响或者严重后果的，给予警告或者严重警告处分；情节严重的，给予撤销党内职务、留党察看或者开除党籍处分。

第一百三十二条　【对工作中形式主义、官僚主义行为的处分】有下列行为之一，造成严重损害或者严重不良影响的，对直接责任者和领导责任者，给予警告或者严重警告处分；情节较重的，给予撤销党内职务或者留党察看处分；情节严重的，给予开除党籍处分：

（一）热衷于搞舆论造势、浮在表面；

（二）单纯以会议贯彻会议、以文件落实文件，在实际工作中不见诸行动；

（三）脱离实际，不作深入调查研究，搞随意决策、机械执行；

（四）违反精文减会有关规定搞文山会海；

（五）在督查检查考核等工作中搞层层加码、过度留痕，增加基层工作负担；

（六）工作中其他形式主义、官僚主义行为。

第一百三十三条 【对餐饮浪费行为的处分】 在公务活动用餐、单位食堂用餐管理工作中不履行或者不正确履行宣传教育、监督管理职责，导致餐饮浪费，造成严重不良影响的，对直接责任者和领导责任者，给予警告或者严重警告处分；情节严重的，给予撤销党内职务处分。

第一百三十四条 【对机构编制工作违规行为的处分】 在机构编制工作中，有下列行为之一，造成不良影响或者严重后果的，对直接责任者和领导责任者，给予警告或者严重警告处分；情节较重的，给予撤销党内职务或者留党察看处分；情节严重的，给予开除党籍处分：

（一）擅自超出“三定”规定范围调整职责、设置机构、核定领导职数和配备人员；

（二）违规干预地方机构设置；

（三）其他违反机构编制管理规定行为。

第一百三十五条 【对信访工作违规行为的处分】 在信访工作中，有下列行为之一，造成不良影响或者严重后果的，对直接责任者和领导责任者，给予警告或者严重警告处分；情节较重的，给予撤销党内职务或者留党察看处分；情节严重的，给予开除党籍处分：

（一）不按照规定受理、办理信访事项；

（二）对规模性集体访等处置不力，导致事态扩大；

（三）对党委和政府信访部门提出的改进工作、完善政策等建议重视不够、落实不力，导致问题长期得不到解决；

（四）其他不履行或者不正确履行信访工作职责行为。

不履行或者不正确履行职责，导致信访事项发生，造成不良影响或者严重后果的，对直接责任者和领导责任者，依照前款规定处理。

第一百三十六条　【对党组织违规处理党员违法、违纪情况等行为的处分】党组织有下列行为之一，对直接责任者和领导责任者，情节较重的，给予警告或者严重警告处分；情节严重的，给予撤销党内职务或者留党察看处分：

（一）党员被立案审查期间，擅自批准其出差、出国（境）、辞职，或者对其交流、提拔职务、晋升职级、进一步使用、奖励，或者办理退休手续；

（二）党员被依法追究刑事责任后，不按照规定给予党纪处分，或者对党员违反国家法律法规的行为，应当给予党纪处分而不处分；

（三）党纪处分决定或者申诉复查决定作出后，不按照规定落实决定中关于被处分人党籍、职务、职级、待遇等事项；

（四）党员受到党纪处分后，不按照干部管理权限和组织关系对受处分党员开展日常教育、管理和监督工作。

第一百三十七条 【对滥用问责或在问责工作中严重不负责任行为的处分】 滥用问责，或者在问责工作中严重不负责任，造成不良影响的，对直接责任者和领导责任者，给予警告或者严重警告处分；情节严重的，给予撤销党内职务处分。

第一百三十八条 【对因渎职致使所管理人员叛逃或出逃、出走行为的处分】 因工作不负责任致使所管理的人员叛逃的，对直接责任者和领导责任者，给予警告或者严重警告处分；情节严重的，给予撤销党内职务处分。

因工作不负责任致使所管理的人员出逃、出走，对直接责任者和领导责任者，情节较重的，给予警告或者严重警告处分；情节严重的，给予撤销党内职务处分。

第一百三十九条 【对统计造假、统计造假失察行为的处分】 进行统计造假，对直接责任者和领导责任者，情节较轻的，给予警告或者严重警告处分；情节较重的，给予撤销党内职务或者留党察看处分；情节严重的，给予开除党籍处分。

对统计造假失察，造成严重后果的，对直接责任者和领导责任者，给予警告或者严重警告处分；情节严重的，给予撤销党内职务、留党察看或者开除党籍处分。

第一百四十条 【对瞒报或不如实报告工作行为的处分】 在上级检查、视察工作或者向上级汇报、报告工作时对应当报告的事项不报告或者不如实报告，造成严重损害或者严重不良影响的，对直接责任者和领导责任者，给予警告或者严重警告处分；情节严重的，给予撤销党内职务或者留党察看处分。

在上级检查、视察工作或者向上级汇报、报告工作时纵容、唆使、暗示、强迫下级说假话、报假情的，从重或者加重处分。

第一百四十一条　【对违规干预和插手市场经济活动行为的处分】 违反有关规定干预和插手市场经济活动，有下列行为之一，情节较轻的，给予警告或者严重警告处分；情节较重的，给予撤销党内职务或者留党察看处分；情节严重的，给予开除党籍处分：

（一）干预和插手建设工程项目承发包、土地使用权出让、政府采购、房地产开发与经营、矿产资源开发利用、中介机构服务等活动；

（二）干预和插手国有企业重组改制、兼并、破产、产权交易、清产核资、资产评估、资产转让、重大项目投资以及其他重大经营活动等事项；

（三）干预和插手批办各类行政许可和资金借贷等事项；

（四）干预和插手经济纠纷；

（五）干预和插手集体资金、资产和资源的使用、分配、承包、租赁等事项。

第一百四十二条　【对违规干预和插手司法活动、执纪执法活动，资金分配、立项评审、表彰奖励等行为的处分】 违反有关规定干预和插手司法活动、执纪执法活动，向有关地方或者部门打听案情、打招呼、说情，或者以其他方式对司法活动、执纪执法活动施加影响，情节较轻的，给予严重警告处分；情节较重的，给予撤销党内职务或者留党察看处分；情节严重的，给予开除党籍处分。

违反有关规定干预和插手公共财政资金分配、项目立项评审、功勋荣誉表彰奖励等活动，造成重大损失或者不良影响的，依照前款规定处理。

第一百四十三条 【对违规不报告或登记干预和插手行为的处分】按照有关规定对干预和插手行为负有报告和登记义务的受请托人，不按照规定报告或者登记，情节较重的，给予警告或者严重警告处分；情节严重的，给予撤销党内职务处分。

第一百四十四条 【对泄露、扩散或者打探、窃取党组织秘密，私自留存党组织资料行为的处分】泄露、扩散或者打探、窃取党组织关于干部选拔任用、纪律审查、巡视巡察等尚未公开事项或者其他应当保密的内容的，给予警告或者严重警告处分；情节较重的，给予撤销党内职务或者留党察看处分；情节严重的，给予开除党籍处分。

私自留存涉及党组织关于干部选拔任用、纪律审查、巡视巡察等方面资料，情节较重的，给予警告或者严重警告处分；情节严重的，给予撤销党内职务处分。

第一百四十五条 【对违反考试、录取工作规定行为的处分】在考试、录取工作中，有泄露试题、考场舞弊、涂改考卷、违规录取等违反有关规定行为的，给予警告或者严重警告处分；情节较重的，给予撤销党内职务或者留党察看处分；情节严重的，给予开除党籍处分。

第一百四十六条　【对不当谋求本人或他人用公款出国（境）行为的处分】 以不正当方式谋求本人或者其他人用公款出国（境），情节较轻的，给予警告处分；情节较重的，给予严重警告处分；情节严重的，给予撤销党内职务处分。

第一百四十七条　【对擅自延长在国（境）外期限或变更路线行为的处分】 临时出国（境）团（组）或者人员中的党员，擅自延长在国（境）外期限，或者擅自变更路线的，对直接责任者和领导责任者，给予警告或者严重警告处分；情节严重的，给予撤销党内职务处分。

第一百四十八条　【对驻外机构或党员触犯当地法律或者不尊重当地宗教习俗行为的处分】 驻外机构或者临时出国（境）团（组）中的党员，触犯驻在国家、地区的法律、法令或者不尊重驻在国家、地区的宗教习俗，情节较重的，给予警告或者严重警告处分；情节严重的，给予撤销党内职务、留党察看或者开除党籍处分。

第一百四十九条　【对在纪律检查、组织、宣传、统一战线等工作中不履职或不正确履职行为的处分】 在党的纪律检查、组织、宣传、统一战线工作以及机关工作等其他工作中，不履行或者不正确履行职责，造成损失或者不良影响的，应当视具体情节给予警告直至开除党籍处分。

第十一章 对违反生活纪律行为的处分

第一百五十条 【对生活奢靡、铺张浪费、贪图享乐、追求低级趣味行为的处分】 生活奢靡、铺张浪费、贪图享乐、追求低级趣味，造成不良影响的，给予警告或者严重警告处分；情节严重的，给予撤销党内职务处分。

第一百五十一条 【对与他人发生不正当性关系行为的处分】 与他人发生不正当性关系，造成不良影响的，给予警告或者严重警告处分；情节较重的，给予撤销党内职务或者留党察看处分；情节严重的，给予开除党籍处分。

利用职权、教养关系、从属关系或者其他相类似关系与他人发生性关系的，从重处分。

第一百五十二条 【对党员领导干部不重视家风建设行为的处分】 党员领导干部不重视家风建设，对配偶、子女及其配偶失管失教，造成不良影响或者严重后果的，给予警告或者严重警告处分；情节严重的，给予撤销党内职务处分。

第一百五十三条 【对违背公序良俗，在公共场所、网络空间有不当言行的处分】 违背社会公序良俗，在公共场所、网络空间有不当言行，造成不良影响的，给予警告或者严重警告处分；情节较重的，给予撤销党内职务或者留党察看处分；情节严重的，给予开除党籍处分。

第一百五十四条 【对其他违反社会公德、家庭美德行为的处

分】有其他严重违反社会公德、家庭美德行为的，应当视具体情节给予警告直至开除党籍处分。

第三编　附　　则

第一百五十五条　【各省、自治区、直辖市可据此制定单项实施规定】各省、自治区、直辖市党委可以根据本条例，结合各自工作的实际情况，制定单项实施规定。

第一百五十六条　【中央军委可据此制定补充规定或者单项规定】中央军事委员会可以根据本条例，结合中国人民解放军和中国人民武装警察部队的实际情况，制定补充规定或者单项规定。

第一百五十七条　【解释机关】本条例由中央纪委负责解释。

第一百五十八条　【生效时间及溯及力】本条例自 2024 年 1 月 1 日起施行。

本条例施行前，已结案的案件如需进行复查复议，适用当时的规定或者政策。尚未结案的案件，如果行为发生时的规定或者政策不认为是违纪，而本条例认为是违纪的，依照当时的规定或者政策处理；如果行为发生时的规定或者政策认为是违纪的，依照当时的规定或者政策处理，但是如果本条例不认为是违纪或者处理较轻的，依照本条例规定处理。

图书在版编目（CIP）数据

公职人员不能触碰的 100 条红线 / 中国法制出版社编
.—北京：中国法制出版社，2024. 3（2025.12重印）
ISBN 978-7-5216-3537-9

Ⅰ. ①公… Ⅱ. ①中… Ⅲ. ①国家机关工作人员-廉政建设-中国-学习参考资料 Ⅳ. ①D630. 9

中国国家版本馆 CIP 数据核字（2023）第 257405 号

责任编辑：秦智贤（qinzhixian@ zgfzs. com） 封面设计：李 宁

公职人员不能触碰的 100 条红线

GONGZHI RENYUAN BUNENG CHUPENG DE 100 TIAO HONGXIAN

经销 / 新华书店
印刷 / 北京虎彩文化传播有限公司
开本 / 880 毫米×1230 毫米 32 开 印张 / 6. 75 字数/ 106 千
版次 / 2024 年 3 月第 1 版 2025 年12月第 7 次印刷

中国法制出版社出版
书号 ISBN 978-7-5216-3537-9 定价：32. 00 元

北京市西城区西便门西里甲 16 号西便门办公区
邮政编码：100053 传真：010-63141600
网址：http：//www. zgfzs. com **编辑部电话：010-63141798**
市场营销部电话：010-63141612 **总编室电话：010-63141606**

（如有印装质量问题，请与本社总编室联系。）